고교필수

4200단어

문단기

* 문답식 단어연상 기억 *

1

저자 이재환(Victor Lee)

[약력]
FTC외국어연수원 원장 역임
시사외국어연수원장 역임

[활동]
MBC 9시 뉴스데스크 출연
KBS 1TV 9시 뉴스데스크 출연
KBS 2TV 뉴스광장 출연
YTN 뉴스 출연
MBN 뉴스 출연
경향신문 X매거진 특집인물기사
주간인물 표지모델 선정
미국 시카고 한인방송 인터뷰 특집기사
미국 LA 한인방송 인터뷰 특집기사
캐나다 한국일보 인터뷰 특집기사
캐나다 동아일보 인터뷰 특집기사
교육대상 수상
국내 학교 및 관공서, 학원 약 500여개소 프로그램 공급

[저서 및 개발]
음성인식영어로봇 세계최초 개발(프레스센타 언론 기자 회견)
AMT(영어문장자동암기프로그램)개발
기적의 영어기억법 저술
분리합성언어교육프로그램 이론 발표
영어 구절반복 특허 등록
AMS(영어자동암기시스템) 개발
기타 약 50여종의 교재와 30여종의 교육관련 특허 출원

Recording

Native Speaker
Kristen

education
B.A. in English Literature at University of California, Los Angeles(UCLA)
M.A. in TESOL at California State University, Los Angeles

work experience
Power English at EBS radio, host **(current)**
Business English, EBS radio, co-host **(previous)**
English Go, EBS radio, reporter
Ewha Woman University, full-time lecturer
Hanyang University, part-time lecturer

Korean
석원희 (KBS성우) **(previous)**

신혜경 (KBS성우) **(previous)**

문단기

문답식
단어연상
기억

UNIT 1 - 58
(WORDS 1 - 696)

한교연

머리말

문답식 단어연상 기억 (특허출원전문)

【발명의 배경】

외국어를 공부하는 학습자들이 가장 어려움을 겪는 부분이 단어학습이다.

초·중등 필수단어가 약 1,600 단어이고, 고교 필수단어가 약 4,200 단어이므로, 중복되는 단어를 제외하더라도 제대로 된 영어 학습을 위해 약 5,000개 이상의 단어를 완벽히 소리와 함께 암기해야 하는 실정이다.

최근, 한 통계에 따르면 고등학교 졸업생 중 고교 필수단어를 정확한 발음과 함께 모두 기억하고 있는 학생은 1%도 안 되고, 서울대를 포함한 상위 대학에 입학한 학생들 중에서도 다수의 학생들이 고교 필수단어 모두를 기억하지는 못하는 것으로 나타났다. 이러한 이유는 종래의 단어 기억 방법이 단순 반복 암기에 의해 이루어지기 때문으로 학습한 단어가 단기간은 머릿속에 기억되어 있다가 반복 학습을 하지 않게 되면 기억에서 바로 사라져버리기 때문이다. 실제로 영어 단어를 암기하는 경우 몇 시간이 지나면 약 50% 정도가 기억에서 사라지게 되고, 며칠이 지나면 70% 정도, 한 달 후에는 대부분의 단어들이 기억에서 사라지는 경험을 누구나 하게 된다.

따라서 암기한 단어를 지속적으로 기억하기 위해서는 수십 번에서 수백 번의 반복학습을 주기적으로 해주어야 하는데, 이렇게 암기한 단어가 기억에서 지워지고 다시 학습하는 과정에서 학습자들이 단어 암기 학습에 지쳐서 단어 암기 학습을 포기하고 있는 실정이다.

【과제의 해결 수단】

"한번 들으면 영원히 기억되기 위해" 국내 최초로 시도된 **7가지**

① 국내 최초 4200개 연상 질문 원고(연상기억)	② 국내 최초 4200개 연상 답 원고(연상기억)
③ 국내 최초 4200개 연상 질문 삽화(이미지기억)	④ 국내 최초 4200개 연상 답 삽화(이미지기억)
⑤ 국내 최초 KBS 남녀 성우 연상 질문/답 녹음	⑥ 국내 최초 원어민 3회 연속 챈트식 녹음
⑦ 8400개 삽화 애니메이션(영상 학습물)	

【발명의 효과】

한번 학습한 단어가 연상에 의해 오랜 기간 동안 기억 속에 남게 되므로 최상의 학습효과를 얻을 수 있는 뛰어난 효과를 갖는다. 문답 형식의 연상기억법을 통해 영어 단어를 기억할 수 있도록 함으로써 학교나 학원 등의 교육기관에서 선생님과 학생들 사이 또는 학생들끼리 조를 나누는 등의 방법에 의해 문답식 수업이 가능하게 되므로 학생들이 단어학습에 흥미를 느끼게 되고 보다 능동적으로 수업에 참여할 수 있게 되어 학습 능률을 향상시킬 수 있는 효과를 추가로 갖는다.

끝으로 '문단기' 연상 원고, 녹음, 삽화, 그리고 영상을 제작하기 위해 기간이 약 5년 정도가 소요됐으며 참여한 인원도 약 100여명이 참여되어 제작될 정도로 대하소설이나 대작의 영화라고 해도 과언이 아니다.

특히 이번에 본 개발을 위해서 국내 최초로 시도된 제작법만 7가지가 된다.

'문단기'는 **영상과 함께 학습**하여야 그 학습 효과를 제대로 볼 수 있으며 가능하면 영상물도 같이 구매하여 학습하기 바란다. '문단기'가 영어 단어 학습으로 힘들어하는 대한민국 모든 학습자들에게 희망이 되길 바라면서…

문답식 단어연상 기억으로

재미있고 쉽게 영어 단어를 학습하기를 기대합니다.

저자자 이재환

영상 학습법

✎ STEP 1

한글로 문장 연상 단계

▶ 단어의 뜻을 넣어 연상이 되도록 질문
▶ 단어의 음을 넣어 연상이 되도록 대답
  질문: 한국인 여자 성우
  대답: 한국인 남자 성우 ---- 2회 반복
▶ 영어는 생각하지 말고 큰 소리로 한국인 성
  우가 표현하는 우리말을 따라하면서 연상
  문장을 기억할 것
▶ 리듬에 맞춰 경쾌하게 표현할 것

✎ STEP 2

연상된 문장 확인 학습 단계

▶ 음악만 흘러나오면서 입 그림이 좌측에서 우
  측으로 움직인다.
▶ 입 그림이 좌측에서 우측으로 갈 때까지 연
  상 문장을 표현
▶ Step 1에서 연상한 문장을 바로 표현해 본다.
▶ 영어는 몰라도 한국어 연상은 바로 됨
▶ 한국어 연상 문장 안에는 영어 뜻과 음이 모
  두 들어 있음

✎ STEP 3

영어 뜻과 음 기억 단계

▶ 연상 문장 1회 흘러 나온다
▶ 다시 한 번 연상 문장을 표현한다.
▶ 단어의 뜻을 한국인이 말하고
▶ 바로 이어 원어민이 영어음을 리듬에 맞춰서
  3번 경쾌하게 읽는다.
▶ 원어민 음에 따라서 3회 큰 소리로 표현

✎ STEP 4

최종 기억 단계

▸ 한글 뜻에 이어서 원어민의 영어음이 3번 리듬에 맞춰 흘러 나온다.
▸ 다시 한 번 뜻을 표현하면서 영어음을 3번 같이 따라서 발음
▸ 영어 음을 발음할 때 영어 철자를 눈으로 정확히 익힌다.

✎ STEP 5

기억 확인 단계

▸ 성우가 한글 뜻을 말한다.
▸ 한글 뜻을 듣고 바로 영어로 표현
▸ 입모양이 좌측에서 우측으로 가기 전에 영어로 표현
▸ 입모양이 우측으로 가면서 영어 철자가 나타난다.
▸ 영어 철자가 나타날 때 본인이 표현한 것이 맞는지 확인하면서 다시 한 번 영어로 표현

교재 학습법

교재는 **영상과 같이 학습**해야 훨씬 효과적입니다.
▶ 말 할 때는 반드시 큰 소리로 말해야 기억효과가 3~5배까지 됩니다.

✎ STEP 1

한글 연상 단계

▶ 영어는 생각하지 말고 우리말만 생각하고 연상문장을 머리에 기억합니다.
▶ 연상기억을 할 때 그림을 같이 보면서 연상기억이 오래 남도록 합니다.
▶ 연상기억을 할 때 기억을 해야겠다는 마음을 강하게 가지고 집중을 하면서 기억효과가 좋습니다. (두뇌도 발달됨)
▶ 큰 소리로 기억할 때마다 ①②③에 ✔표시를 하세요.

✎ STEP 2

한글 연상 단계

▶ STEP1에서 암기한 연상 문장을 이제 그림만을 보고 연상문장을 떠 올려서 큰소리로 말합니다.
▶ 큰 소리로 기억할 때마다 ①②③④⑤에 ✔표시를 하세요.

✎ STEP 3   연상 기억 확인 단계

1282	elegant [éligənt]	① ② ③ ④		기품 있는, 우아한	① ② ③ ④
3021	qualification [kwàləfikéiʃən]	① ② ③ ④		자격, 조건	① ② ③ ④
4142	wilderness [wíldə:rnis]	① ② ③ ④		황야, 황무지	① ② ③ ④

▶ 먼저 한글로 기억된 연상문장을 한번 말하고 바로 이어서 영어발음기호를 보고 정확히 큰 소리로 영어발음을 3번씩 합니다.
▶ 종이·등으로 좌측 영어 부분을 가리고 그림과 한글만을 보고 영어로 기억한 단어를 테스트 합니다.
▶ 종이·등으로 우측 한글 부분을 가리고 그림과 영어만을 보고 기억한 단어를 한글로 말하는 테스트를 합니다.

차 례

MoonDanGi

BOOK 1

✓ STEP 1

1 ① ② ③

전복은 뭐를 잘 먹어?
애벌레를 잘 먹지~
☺ 전복 ⇨ 애벌로우니

2 ① ② ③

포기하면 어딜 못 들어가?
어~ **밴드**부에 못 들어가.
☺ 포기하다 ⇨ 어밴던

3 ① ② ③

단축하려면 어리버리하면 돼, 안 돼?
어리버리하면 안 돼.
☺ 단축하다 ⇨ 어브뤼-비에일

4 ① ② ③

배 위에 뭐가 보여?
애벌레가 드문드문 보이네~
☺ 배, 복부 ⇨ 앱더먼

5 ① ② ③

쟤는 **보통과 달리** 건강해~
건강한 애도 노 저으면 **멀**미해~
☺ 보통과 다른 ⇨ 앱노-멀

6 ① ② ③

넌 **거주지**가 어디야?
어~ **보트**(배) 위에서 살아.
☺ 거주지 ⇨ 어보우드

7 ① ② ③

폐지하면 어떻게 돼?
어~ 불리해지니까 쉬~하고 있자.
☺ 폐지하다 ⇨ 어발리쉬

8 ① ② ③

낙태아가 뭘 바르고 있니?
어~ 볼에 선크림 바르고 있네.
☺ 낙태 ⇨ 어볼-션

9 ① ② ③

공이 **많이 있으면** 뭐 하지?
어~ 리바운드하지.
☺ 많이 있다 ⇨ 어바운드

10 ① ② ③

어부가 **나란히** 어딜 가니?
어부가 나란히 레스토랑 가네.
☺ 나란히 ⇨ 어브뤠스트

11 ① ② ③

퉁명스럽게 말하면 어떻게 해?
어~ 버럭 화를 내~
☺ 퉁명스러운 ⇨ 어브럽트

12 ① ② ③

결석하고 어디 갔어?
액션영화 보러갔어.
☺ 결석 ⇨ 앱센스

1 전복	2 포기하다	3 단축하다
① ② ③ ④ ⑤	① ② ③ ④ ⑤	① ② ③ ④ ⑤
4 배, 복부	5 보통과 다른	6 거주지
① ② ③ ④ ⑤	① ② ③ ④ ⑤	① ② ③ ④ ⑤
7 폐지하다	8 낙태	9 많이 있다
① ② ③ ④ ⑤	① ② ③ ④ ⑤	① ② ③ ④ ⑤
10 나란히	11 퉁명스러운	12 결석
① ② ③ ④ ⑤	① ② ③ ④ ⑤	① ② ③ ④ ⑤

		①	②			①	②
1	**abalone** [æbəlóuni]	③	④		전복(어패류)	③	④
2	**abandon** [əbǽndən]	①	②		포기하다, 버리다	①	②
		③	④			③	④
3	**abbreviate** [əbríːvièit]	①	②		어구를 단축(생략)하다	①	②
		③	④			③	④
4	**abdomen** [ǽbdəmən,æbdóu-]	①	②		배, 복부	①	②
		③	④			③	④
5	**abnormal** [æbnɔ́ːrməl]	①	②		보통과 다른, 정상이 아닌	①	②
		③	④			③	④
6	**abode** [əbóud]	①	②		거주지, 주소, 주거	①	②
		③	④			③	④
7	**abolish** [əbáliʃ]	①	②		폐지하다, 철폐하다	①	②
		③	④			③	④
8	**abortion** [əbɔ́ːrʃən]	①	②		낙태	①	②
		③	④			③	④
9	**abound** [əbáund]	①	②		많이 있다, 그득하다	①	②
		③	④			③	④
10	**abreast** [əbrést]	①	②		나란히, ~에 뒤지지 않게	①	②
		③	④			③	④
11	**abrupt** [əbrʌ́pt]	①	②		돌연한, 퉁명스러운	①	②
		③	④			③	④
12	**absence** [ǽbsəns]	①	②		부재, 결석, 결근	①	②
		③	④			③	④

✓ STEP 1

13 ① ② ③

왜 그렇게 **잘 잊어버려**?
앞 선 마인드를 가져서 그래.
☺ 잘 잊어버리는 ⇨ 앱선-마인디드

14 ① ② ③

절대적으로 이기고 싶으면?
앞선 루트를 타고 가면 돼.
☺ 절대의 ⇨ 앱설루-트

15 ① ② ③

공부에 **몰두시키려면**?
등에 업어줘버려.
☺ 몰두시키다 ⇨ 어브졸-브

16 ① ② ③

아이를 공부에 **전념**하게 하려면?
애비가 솔선수범해야 해.
☺ 전념 ⇨ 어브 좁-션

17 ① ② ③

무거운 거 드는 거 **삼가해**
앱비(애비)~ 그 스테인리스는 너무
무거워 다쳐.
☺ 삼가다 ⇨ 앱스테인

18 ① ② ③

추상적인 애가 뭐해?
애가 버스와 **트랙트**를 몰아.
☺ 추상적인 ⇨ 앱스트랙트

19 ① ② ③

불합리한 일이지만 어떻게 해?
어~설득해 봐.
☺ 불합리한 ⇨ 업설-드

20 ① ② ③

풍부한 보석을 사 줘도?
어! 번번이 던지고 트집 잡네~
☺ 풍부한 ⇨ 어번던트

21 ① ② ③

특권을 **남용해** 돈을 받았어?
아니, 어부지리로 얻었어.
☺ 남용하다 ⇨ 어뷰-즈

22 ① ② ③

학원의 애들은 뭘 자랑 해?
애들은 키가 크다며 자랑해.
☺ 학원의 ⇨ 애커데믹

23 ① ② ③

속도를 더하면 기분이 어때?
기분이 어~설레이네.
☺ 속도를 더하다 ⇨ 액셀러레이트

24 ① ② ③

저 사람 **억양** 어때?
억센 듯 해.
☺ 억양 ⇨ 액센트

13 잘 잊어버리는	14 절대의	15 몰두시키다

① ② ③ ④ ⑤	① ② ③ ④ ⑤	① ② ③ ④ ⑤

16 전념	17 삼가다	18 추상적인

① ② ③ ④ ⑤	① ② ③ ④ ⑤	① ② ③ ④ ⑤

19 불합리한	20 풍부한	21 남용하다

① ② ③ ④ ⑤	① ② ③ ④ ⑤	① ② ③ ④ ⑤

22 학원의	23 속도를 더하다	24 억양

① ② ③ ④ ⑤	① ② ③ ④ ⑤	① ② ③ ④ ⑤

13	**absent-minded** [æbsəntmáindid]	① ② ③ ④		잘 잊어버리는, 멍하고 있는	① ② ③ ④
14	**absolute** [ǽbsəlu:t]	① ② ③ ④		절대의, 완진무결한	① ② ③ ④
15	**absorb** [əbzɔ́:rb,-sɔ́:rb]	① ② ③ ④		흡수하다, 몰두시키다	① ② ③ ④
16	**absorption** [æbsɔ́:rpʃən]	① ② ③ ④		전념, 흡수	① ② ③ ④
17	**abstain** [əbstéin]	① ② ③ ④		삼가다, 절제하다, 기권하다	① ② ③ ④
18	**abstract** [ǽbstrækt]	① ② ③ ④		추상적인, 요약하다, 발췌, 요약	① ② ③ ④
19	**absurd** [əbsə́:rd]	① ② ③ ④		불합리한, 부조리한	① ② ③ ④
20	**abundant** [ɛbʌ́ndənt]	① ② ③ ④		풍부한, 많은	① ② ③ ④
21	**abuse** [əbjú:z]	① ② ③ ④		(지위, 특권 등을)남용하다, 오용하다, 학대하다	① ② ③ ④
22	**academic** [ǽkədémik]	① ② ③ ④		학원의, 학구적인	① ② ③ ④
23	**accelerate** [ækséləreit]	① ② ③ ④		속도를 더하다, 촉진하다	① ② ③ ④
24	**accent** [ǽksent/-sənt]	① ② ③ ④		억양, 강세, 강조	① ② ③ ④

✓ STEP 1

25 ① ② ③

이 제안 **수락할거야**?
억!~ 세트로 주면 받을 거야.
☺ 수락하다 ⇨ 액셉트

26 ① ② ③

어떻게 **접근했어**?
애써서 접근했어.
☺ 접근 ⇨ 액세스

27 ① ② ③

보석가게에 **접근 가능하려면**?
액세서리에 불을 붙여버려~
☺ 접근 가능한 ⇨ 액세서블

28 ① ② ③

부속물에서 무슨 소리가 나?
억센 소리가 나네.

☺ 부속물 ⇨ 액세서리

29 ① ② ③

사고는 공 던질 때 잘 나, 받을 때 잘 나?
역시 던질 때 잘 나.
☺ 사고 ⇨ 액시던트

30 ① ② ③

언제 **편의를 봐줄까**?
어~ 고모, 데이트 할 때.

☺ 편의를 봐주다 ⇨ 어카머데이트

31 ① ② ③

숙박시설은 어떻게 돼 있어?
어~꺼멓게 돼있어.
☺ 숙박시설 ⇨ 어카머데이션

32 ① ② ③

난 친구와 **동반해서** 껌 팔고 있어.
어! 너도 껌 파니?
☺ 동반하다 ⇨ 어컴퍼니

33 ① ② ③

드디어 계획을 **완수했어**!
어! 큰 문제가 풀리시는군!
☺ 완수하다 ⇨ 어캄플리쉬

34 ① ② ③

일치하는 건 뭐야?
어! 코드야.
☺ 일치하다 ⇨ 어코-드

35 ① ② ③

은행 **계좌** 어디서 만들었니?
어~ 가까운 데서 만들었어.
☺ 계좌 ⇨ 어카운트

36 ① ② ③

식량을 모으려면?
어! 꾸물대고 래잇(늦은)하면 안 돼.
☺ 모으다 ⇨ 어큐-멀레이트

25 수락하다	26 접근	27 접근 가능한
① ② ③ ④ ⑤	① ② ③ ④ ⑤	① ② ③ ④ ⑤
28 부속물	29 사고	30 편의를 봐주다
① ② ③ ④ ⑤	① ② ③ ④ ⑤	① ② ③ ④ ⑤
31 숙박시설	32 동반하다	33 완수하다
① ② ③ ④ ⑤	① ② ③ ④ ⑤	① ② ③ ④ ⑤
34 일치하다	35 계좌	36 모으다
① ② ③ ④ ⑤	① ② ③ ④ ⑤	① ② ③ ④ ⑤

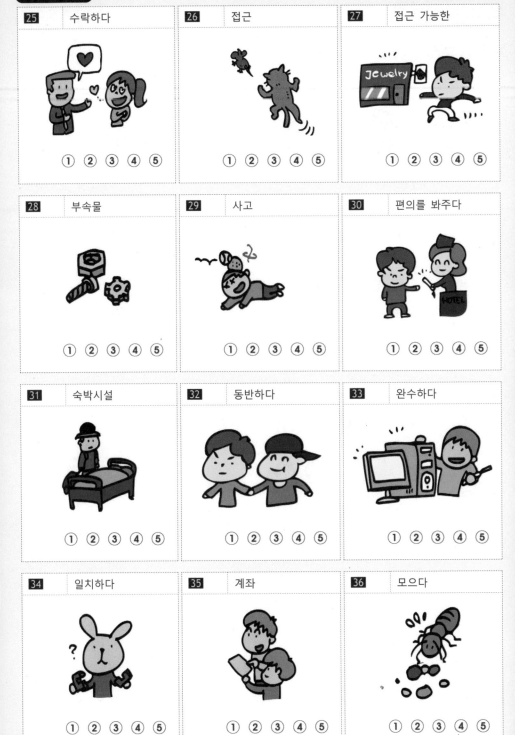

25	accept [əksépt]	① ② ③ ④		수락하다, 받아들이다, 인정하다	① ② ③ ④
26	access [ǽkses]	① ② ③ ④		접근, 면접, 출입, 발작	① ② ③ ④
27	accessible [æksésəbl]	① ② ③ ④		(사람, 장소 등)접근 가능한, 이해하기 쉬운	① ② ③ ④
28	accessory [æksésəri]	① ② ③ ④		부속물, 악세사리	① ② ③ ④
29	accident [ǽksidənt]	① ② ③ ④		사고, 유연(한 일)	① ② ③ ④
30	accommodate [əkámədèit]	① ② ③ ④		편의를 봐주다, 숙박시키다	① ② ③ ④
31	accommodation [əkùmədéiʃən]	① ② ③ ④		숙박(편의)시설, 적응	① ② ③ ④
32	accompany [əkʌ́mpəni]	① ② ③ ④		동반하다, (피아노를)반주하다	① ② ③ ④
33	accomplish [əkámpliʃ]	① ② ③ ④		완수하다, 이루다, 목적을 달성하다	① ② ③ ④
34	accord [əkɔ́:rd]	① ② ③ ④		일치(하다), 조화(하다)	① ② ③ ④
35	account [əkáunt]	① ② ③ ④		계좌, 회계, 설명, ~라고 생각하다	① ② ③ ④
36	accumulate [əkjú:mjuléit]	① ② ③ ④		(조금씩) 모으다, (재산 따위를) 축적하다; 쌓다	① ② ③ ④

19

✓ STEP 1

37 ① ② ③

정확하게 활을 쏘는 사람은?
애꾸야 역시!
☺ 정확한 ⇨ 애커뤠잇

38 ① ② ③

비난하는 거야?
어쭈~!
☺ 비난하다 ⇨ 어큐-즈

39 ① ② ③

습관적으로 우유를 마시니 어때?
어! 컸어, 텀을 두고.
☺ 습관의 ⇨ 어커스텀드

40 ① ② ③

아픔이 어때?
에이~ 크다.

☺ 아프다 ⇨ 에이크

41 ① ② ③

애가 블록 쌓기 성공하고 기저귀가
벗겨지니 뭐래?
어~! 치부다.
☺ 이루다, 성공하다 ⇨ 어취-브

42 ① ② ③

탈세를 인정하면?
아마 억은 날리지.

☺ 인정하다 ⇨ 액날리쥐

43 ① ② ③

소식을 알려준 것은?
집배원 어깨에 인 가방 안의 편지야~

☺ 알려주다 ⇨ 어퀘인트

44 ① ② ③

친지는 어디 있어?
어깨에 인 가방과 함께 이 터를
찾아왔어.
☺ 친지 ⇨ 어퀘인턴스

45 ① ② ③

그 지식은 어디서 획득한 거야?
어~ 과외로.

☺ 획득하다 ⇨ 어콰이어

46 ① ② ③

죄인은 어디서 석방했니?
마을 어귀에서.
☺ 석방하다 ⇨ 어퀴트

47 ① ② ③

애를 밖에서 활동시키면?
애 살이 찬바람에 트고 베인다~
☺ 활동시키다 ⇨ 액티베이트

48 ① ② ③

활동적인 운동은 어디서 봤니?
엑~ 티비서 봤어.
☺ 활동적인 ⇨ 액티브

37 정확한	38 비난하다	39 습관의
① ② ③ ④ ⑤	① ② ③ ④ ⑤	① ② ③ ④ ⑤

40 아프다	41 이루다, 성공하다	42 인정하다
① ② ③ ④ ⑤	① ② ③ ④ ⑤	① ② ③ ④ ⑤

43 알려주다	44 친지	45 획득하다
① ② ③ ④ ⑤	① ② ③ ④ ⑤	① ② ③ ④ ⑤

46 석방하다	47 활동시키다	48 활동적인
① ② ③ ④ ⑤	① ② ③ ④ ⑤	① ② ③ ④ ⑤

37	**accurate** [ǽkjurət]	① ② ③ ④		정확한; 정밀한 - ~ machines 정확한 기계	① ② ③ ④
38	**accuse** [əkjúːz]	① ② ③ ④		비난하디, 고발하디, 고소하나	① ② ③ ④
39	**accustomed** [əkʌ́stəmd]	① ② ③ ④		습관의, 익숙한	① ② ③ ④
40	**ache** [eik]	① ② ③ ④		아프다, 아픔, 통증	① ② ③ ④
41	**achieve** [ətʃíːv]	① ② ③ ④		(일·목적)을 이루다, 달성[성취]하다, (어려운 일)을 완수하다	① ② ③ ④
42	**acknowledge** [æknálidʒ]	① ② ③ ④		인정하다, 감사하다	① ② ③ ④
43	**acquaint** [əkwéint]	① ② ③ ④		숙지시키다, 알려주다	① ② ③ ④
44	**acquaintance** [əkwéintəns]	① ② ③ ④		친지, 아는 사람	① ② ③ ④
45	**acquire** [əkwáiər]	① ② ③ ④		획득하다, 취득하다	① ② ③ ④
46	**acquit** [əkwít]	① ② ③ ④		무죄를 선고하다, 석방하다, (능력, 실력을) 발휘하다	① ② ③ ④
47	**activate** [ǽktəvèit]	① ② ③ ④		활동시키다, 작동시키다	① ② ③ ④
48	**active** [ǽktiv]	① ② ③ ④		활동적인, 적극적인	① ② ③ ④

✓ STEP 1

---

49 ① ② ③

활동주의적인 내가 뭘 할까?
액! 티비 좀 켜봐.
☺ 활동주의 ⇨ 액티비즘

---

50 ① ② ③

현재 상황이 어때?
액! 추월당하고 있어.
☺ 현재의 ⇨ 액츄얼

---

51 ① ② ③

뭐로 **지압**해줄까?
에구! 프레스기로.
☺ 지압 ⇨ 애큐프레셜

---

52 ① ② ③

이 **뾰족한** 건 뭐야?
어! 구두 굽이야.

☺ 뾰족한 ⇨ 어큐트

---

53 ① ② ③

광고가 왜 저래?
에구 더러워.

☺ 광고 ⇨ 애드

---

54 ① ② ③

전압을 바꿀 때 알맞은 전압으로
적응시키는 장치는?
어댑터.
☺ 적응시키다 ⇨ 어댑트

---

55 ① ② ③

물건 드는 데 힘을 **더해**줄래?
애만 드네.
☺ 더하다 ⇨ 애드

---

56 ① ② ③

중독자는?
어디로 튈지 몰라.
☺ 중독자 ⇨ 애딕트

---

57 ① ② ③

중독되면?
어디 서있는지도 몰라.
☺ 중독 ⇨ 어딕션

---

58 ① ② ③

내일 **연설하지**?
어! 드레스 좀 골라줘.

☺ 연설하다 ⇨ 어드레스

---

59 ① ② ③

이 정도 잠자리채면 **충분**할까?
어디, 귀뚜라미가 들어갈 수 있는지
보자.
☺ 충분한 ⇨ 애디퀴트

---

60 ① ② ③

뭘 **고집**하고 있어?
애타는 희열.

☺ 고집하다 ⇨ 애드히얼

49 활동주의	50 현재의	51 지압

① ② ③ ④ ⑤ ① ② ③ ④ ⑤ ① ② ③ ④ ⑤

52 뾰족한	53 광고	54 적응시키다

① ② ③ ④ ⑤ ① ② ③ ④ ⑤ ① ② ③ ④ ⑤

55 더하다	56 중독자	57 중독

① ② ③ ④ ⑤ ① ② ③ ④ ⑤ ① ② ③ ④ ⑤

58 연설하다	59 충분한	60 고집하다

① ② ③ ④ ⑤ ① ② ③ ④ ⑤ ① ② ③ ④ ⑤

49	activism [ǽktəvìzəm]	① ② ③ ④		활동주의	① ② ③ ④
50	actual [ǽktʃuəl]	① ② ③ ④		현재의, 현실의, 사실의	① ② ③ ④
51	acupressure [ǽkjuprèʃər]	① ② ③ ④		지압(요법)	① ② ③ ④
52	acute [əkjúːt]	① ② ③ ④		뾰족한, 극심한, 급성의, 예리한	① ② ③ ④
53	ad [æd]	① ② ③ ④		광고	① ② ③ ④
54	adapt [ədǽpt]	① ② ③ ④		적응시키다, 개작하다	① ② ③ ④
55	add [æd]	① ② ③ ④		더하다, 늘다	① ② ③ ④
56	addict [ədíkt]	① ② ③ ④		중독자, 빠지게 하다, 몰두시키다	① ② ③ ④
57	addiction [ədíkʃən]	① ② ③ ④		중독, 탐닉	① ② ③ ④
58	address [ədrés]	① ② ③ ④		연설하다, 말을 걸다, 겉봉을 쓰다, 주소	① ② ③ ④
59	adequate [ǽdikwit]	① ② ③ ④		충분한, 적합한	① ② ③ ④
60	adhere [ædhíər]	① ② ③ ④		고집하다, 달라붙다	① ② ③ ④

✓ STEP 1

61 ① ② ③

회의 **중단하고** 어디가?
어디 좀 가려고.

☺ 중단하다 ⇨ 어져-언

62 ① ② ③

욕심을 **조절하니**
평온이 **얻어졌어.**

☺ 조절하다 ⇨ 엇져스트

63 ① ② ③

그녀를 **관리하는** 곳은?
어디서 미녀스타를 관리하는지는
비밀.

☺ 관리하다 ⇨ 어드미니스털

64 ① ② ③

학급 **관리는** 왜 안 해?
애들이 많아, 수틀려서.

☺ 관리 ⇨ 어드미니스트레이션

65 ① ② ③

해군 대장이 뭐라고 외쳤어?
적진까지 에구 멀어.

☺ 해군대장 ⇨ 애드머럴

66 ① ② ③

너 무엇에 **감탄하니?**
어디서든 마이(나의) 얼굴에 감탄해.

☺ 감탄하다 ⇨ 애드마이얼

67 ① ② ③

입학을 **허락해서** 왔는데~
학교가 어디 밑에 있는지 모르겠네~

☺ 허락하다 ⇨ 애드미트

68 ① ② ③

청년은?
애들에게 센 척하고 있어.

☺ 청년 ⇨ 애덜레센트

69 ① ② ③

어떤 것으로 **채택할까?**
이 어답터로 채택해.

☺ 채택하다 ⇨ 어답트

70 ① ② ③

숭배할 때 어떻게 해?
어! 돌이시여! 하고 외쳐.

☺ 숭배하다 ⇨ 어돌-

71 ① ② ③

장식을 하면?
어! 돈이 많이 들어.

☺ 장식하다 ⇨ 어도-온

72 ① ② ③

성인들도
애들과 같은 면이 있어.

☺ 성인 ⇨ 어덜트

61 중단하다	62 조절하다	63 관리하다
① ② ③ ④ ⑤	① ② ③ ④ ⑤	① ② ③ ④ ⑤

64 관리	65 해군대장	66 감탄하다
① ② ③ ④ ⑤	① ② ③ ④ ⑤	① ② ③ ④ ⑤

67 허락하다	68 청년	69 채택하다
① ② ③ ④ ⑤	① ② ③ ④ ⑤	① ② ③ ④ ⑤

70 숭배하다	71 장식하다	72 성인
① ② ③ ④ ⑤	① ② ③ ④ ⑤	① ② ③ ④ ⑤

61	adjourn [ədʒə́:rn]	①	②		중단하다, 휴정하다, 연기하다	①	②
		③	④			③	④
62	adjust [ədʒʌ́st]	①	②		조절하다, 저음하다	①	②
		③	④			③	④
63	administer [ədmínistər]	①	②		관리하다, 지배하다, 집행하다	①	②
		③	④			③	④
64	administration [ædmìnəstréiʃən,-bə-]	①	②		관리, 경영, 행정	①	②
		③	④			③	④
65	admiral [ǽdmərəl]	①	②		해군대장	①	②
		③	④			③	④
66	admire [ædmáiər,əd-]	①	②		감탄하다, 감복하다	①	②
		③	④			③	④
67	admit [ədmit]	①	②		허락하다, 인정하다, 들이다	①	②
		③	④			③	④
68	adolescent [ædəlésənt]	①	②		청년기의, 청년	①	②
		③	④			③	④
69	adopt [ədápt]	①	②		채택하다, 양자로 삼다	①	②
		③	④			③	④
70	adore [ədɔ́:r]	①	②		숭배하다, 존경하다, 예배하다, 매우 좋아하다	①	②
		③	④			③	④
71	adorn [əbɔ́:rn]	①	②		장식하다	①	②
		③	④			③	④
72	adult [ǽdʌlt]	①	②		성인, 성인의, 성숙한	①	②
		③	④			③	④

✓ STEP 1

---

73 ① ② ③

저기 **전진하는** 밴드는 어디 밴드야?
어디 밴드인지 나도 몰라.
☺ 전진하다 ➪ 어드밴스

---

74 ① ② ③

유리하게 가려면?
어디서 밴을 타는지가 중요해.
☺ 유리 ➪ 어드밴티쥐

---

75 ① ② ③

어떻게 **출현** 시켜?
애들 밴 태워서.
☺ 출현 ➪ 애드벤트

---

76 ① ② ③

어떤 **모험**이야?
애들이 밴을 치는 모험이야.

☺ 모험 ➪ 애드벤철

---

77 ① ② ③

반대하는 애들은 어떻게 해?
그 애들 벌세워!

☺ 반대하는 ➪ 애드벌-스

---

78 ① ② ③

애들에게 **역경**을 주었니?
애들이 벌서디(지) 않으면 역경이
아니지.

☺ 역경 ➪ 애드벌-서티

---

79 ① ② ③

뭘 **광고해**?
애들 타이즈.

☺ 광고하다 ➪ 애드벌타이즈

---

80 ① ② ③

왜 **광고해**?
애들 타이즈가 뭔데 하면서 소비자가
몰라서.
☺ 광고 ➪ 애드벌타이즈먼트

---

81 ① ② ③

뭘 **충고해** 줬니?
애들 바지 좋은걸 사라고.

☺ 충고하다 ➪ 어드바이즈

---

82 ① ② ③

그가 누구를 **옹호했어**?
애들을 벗겨 머는 사람.
☺ 옹호하다 ➪ 애드버케이트

---

83 ① ② ③

공중의 우주에서 본 것은?
에이리인(외계인)의 일굴.
☺ 공중의 ➪ 에어리얼

---

84 ① ② ③

우주 공간은 어떤 느낌이었어?
애인이랑 **숲에서** 노는 느낌이었어.
☺ 우주공간 ➪ 에어러스페이스

---

73 전진하다	74 유리	75 출현
① ② ③ ④ ⑤	① ② ③ ④ ⑤	① ② ③ ④ ⑤
76 모험	77 반대하는	78 역경
① ② ③ ④ ⑤	① ② ③ ④ ⑤	① ② ③ ④ ⑤
79 광고하다	80 광고	81 충고하다
① ② ③ ④ ⑤	① ② ③ ④ ⑤	① ② ③ ④ ⑤
82 옹호하다	83 공중의	84 우주공간
① ② ③ ④ ⑤	① ② ③ ④ ⑤	① ② ③ ④ ⑤

73	advance [ədvǽns]	① ② ③ ④		전진하다, 승진하다, 전진, 진보	① ② ③ ④
74	advantage [ədvǽntidʒ]	① ② ③ ④		유리, 이점	① ② ③ ④
75	advent [ædvent]	① ② ③ ④		출현, 도래	① ② ③ ④
76	adventure [ædvéntʃər]	① ② ③ ④		모험, 예사롭지 않은 사건	① ② ③ ④
77	adverse [ædvé:rs]	① ② ③ ④		반대하는, 불리한, 반대하는	① ② ③ ④
78	adversity [ædvə́:rsəti]	① ② ③ ④		역경, 불행	① ② ③ ④
79	advertise [ædvərtáiz]	① ② ③ ④		광고하다, 알리다	① ② ③ ④
80	advertisement [ædvərtáizmənt]	① ② ③ ④		광고, 선전	① ② ③ ④
81	advise [ædváiz, əd-]	① ② ③ ④		충고하다, 통지하다	① ② ③ ④
82	advocate [ædvəkit]	① ② ③ ④		옹호하다, 주장하다	① ② ③ ④
83	aerial [ɛəriəl, eiiər]	① ② ③ ④		공중의, 공기의, 대기의	① ② ③ ④
84	aerospace [ɛərouspèis]	① ② ③ ④		우주공간	① ② ③ ④

✓ STEP 1

85　① ② ③

미적인 것을 위해서 애써야해?
애 쓰되, 틱 쓰러질 정도로는 하지 마.

☺ 미적인 ⇨ 에스데틱

86　① ② ③

사건이 어디서 일어났니?
옆에서 일어났어.

☺ 사건 ⇨ 어페얼

87　① ② ③

누구에게 **영향을 미쳤니?**
어! 펙하고 쓰러지면서 옆 사람에게
영향을 줬어.

☺ 영향을 미치다 ⇨ 어펙트

88　① ② ③

너는 개에게 **애정**이 없니?
어, 그래서 팼어.

☺ 애정 ⇨ 어펙션

89　① ② ③

넌 자기주장을 어떻게 **단언했어?**
어! 폼 잡으면서.

☺ 단언하다 ⇨ 어퍼-엄

90　① ② ③

긍정적인 사람은?
엎어 매쳐도 웃는 사람.

☺ 긍정적인 ⇨ 어퍼-머티브

91　① ② ③

왜 스스로 **괴롭혀?**
어, 그러면 머리가 풀릴 듯싶어서.

☺ 괴롭히다 ⇨ 어플릭트

92　① ② ③

풍요로운 음식과 뭐가 있어?
어~플루트 연주.

☺ 풍요로운 ⇨ 애플루언트

93　① ② ③

어느 정도 **여유가 있는** 거야?
어~ 포드 자동차도 살 정도로.

☺ 여유가 있다 ⇨ 어포-드

94　① ② ③

왜 **늙은** 쥐를 잡니?
에이 늙은 쥐들 때문에 병이 옮아.

☺ 늙은 ⇨ 에이쥐드

95　① ② ③

대리점을 왜 경영하게 됐어?
누가 "에이! 전씨, 대리점 운영해봐"
해서.

☺ 대리점 ⇨ 에이젼시

96　① ② ③

어제 **해결과제**는 다 했니?
어젠 다 했어.

☺ 해결과제 ⇨ 어젠다

85 미적인	86 사건	87 영향을 미치다
① ② ③ ④ ⑤	① ② ③ ④ ⑤	① ② ③ ④ ⑤
88 애정	89 단언하다	90 긍정적인
① ② ③ ④ ⑤	① ② ③ ④ ⑤	① ② ③ ④ ⑤
91 괴롭히다	92 풍요로운	93 여유가 있다
① ② ③ ④ ⑤	① ② ③ ④ ⑤	① ② ③ ④ ⑤
94 늙은	95 대리점	96 해결과제
① ② ③ ④ ⑤	① ② ③ ④ ⑤	① ② ③ ④ ⑤

No.	Word	①	②		Meaning	①	②
85	**aesthetic** [esθétik]	①	②		미적인; 미학적; 미술의; 심미안이 있는; 미학	①	②
		③	④			③	④
86	**affair** [əfέər]	①	②		사건, 일, 업무	①	②
		③	④			③	④
87	**affect** [əfékt]	①	②		영향을 미치다, 감동시키다	①	②
		③	④			③	④
88	**affection** [əfékʃən]	①	②		애정, 감정, 영향, 병	①	②
		③	④			③	④
89	**affirm** [əfə́:rm]	①	②		확언하다, 단언하다; 확인하다, 긍정하다	①	②
		③	④			③	④
90	**affirmative** [əfə́:rmətiv]	①	②		긍정적인, 동의하는, 긍정, 동의	①	②
		③	④			③	④
91	**afflict** [əflíkt]	①	②		괴롭히다, 고통을 주다	①	②
		③	④			③	④
92	**affluent** [ǽfluənt]	①	②		풍부한, 부유한, 풍요로운	①	②
		③	④			③	④
93	**afford** [əfɔ́:rd]	①	②		~할 여유(형편)가 있다, 낼 수 있다, 제공하다	①	②
		③	④			③	④
94	**aged** [éidʒid]	①	②		늙은, ~살의	①	②
		③	④			③	④
95	**agency** [éidʒənsi]	①	②		대리(점, 권, 행위), 기능, 주선, 작용	①	②
		③	④			③	④
96	**agenda** [ədʒéndə]	①	②		해결과제, 안건, 일, 문제	①	②
		③	④			③	④

✓ STEP 1

---

97 ① ② ③

감히 날 **공격**한다고?
어~ 그러셔.

☺ 공격 ⇨ 어그레션

---

98 ① ② ③

공격적인 태도를 몇 분 동안 취했니?
억울해서 **십분** 동안.

☺ 공격적인 ⇨ 어그레시브

---

99 ① ② ③

민첩한 행동을 하고 어떻게 하면
좋아?
애절한 표현을 해

☺ 민첩한 ⇨ 애자일

---

100 ① ② ③

내, 코 고는 소리가 **심한 고통**이지?
그러니까 코를 왜 고니?

☺ 심한 고통 ⇨ 애거니

---

101 ① ② ③

사장님이 **동의**했니?
어~ 그리하라고 했어.

☺ 동의하다 ⇨ 어그리-

---

102 ① ② ③

그가 **동의**할 때 얼굴 표정은?
얼굴이 멋져 보였어.

☺ 동의 ⇨ 어그리-먼트

---

103 ① ② ③

농업 하는 사람들 손 봤어?
왜 그리 거칠어?

☺ 농업 ⇨ 애그리컬철

---

104 ① ② ③

집 **앞에** 비가 왔는데~
어~ 해가 드네.

☺ 앞에 ⇨ 어헤드

---

105 ① ② ③

누구에게 **원조**해줬니?
에이즈 걸린 사람들에게.

☺ 원조 ⇨ 에이드

---

106 ① ② ③

왜 **질병**에 걸렸어?
애들이 뭔가 트집을 잡아서.

☺ 질병 ⇨ 에일먼트

---

107 ① ② ③

왜 저 아이를 **겨누는** 거야?
내가 노리는 애임.

☺ 겨누다 ⇨ 에임

---

108 ① ② ③

공기가 어디 있어?
주변을 에워싸고 있어.

☺ 공기 ⇨ 에얼

35

97 공격	98 공격적인	99 민첩한

① ② ③ ④ ⑤　　① ② ③ ④ ⑤　　① ② ③ ④ ⑤

100 심한 고통	101 동의하다	102 동의

① ② ③ ④ ⑤　　① ② ③ ④ ⑤　　① ② ③ ④ ⑤

103 농업	104 앞에	105 원조

① ② ③ ④ ⑤　　① ② ③ ④ ⑤　　① ② ③ ④ ⑤

106 질병	107 겨누다	108 공기

① ② ③ ④ ⑤　　① ② ③ ④ ⑤　　① ② ③ ④ ⑤

		①	②			①	②
97	**aggression** [əgréʃən]	③	④		공격, 침략	③	④
98	**aggressive** [əgrésiv]	①	②		공격적인, 진취적인	①	②
		③	④			③	④
99	**agile** [ǽdʒail]	①	②		민첩한, 날렵한	①	②
		③	④			③	④
100	**agony** [ǽgəni]	①	②		심한 고통, 고민	①	②
		③	④			③	④
101	**agree** [əgríː]	①	②		동의하다, 합치하다	①	②
		③	④			③	④
102	**agreement** [əgríːmənt]	①	②		동의, 일치	①	②
		③	④			③	④
103	**agriculture** [ǽgrikʌ̀ltʃər]	①	②		농업, 농경	①	②
		③	④			③	④
104	**ahead** [əhéd]	①	②		앞에, 앞서	①	②
		③	④			③	④
105	**aid** [eid]	①	②		원조, 조력, 보조자	①	②
		③	④			③	④
106	**ailment** [éilmənt]	①	②		(가벼운)질병, 질환	①	②
		③	④			③	④
107	**aim** [eim]	①	②		겨누다, ~할 작정이다	①	②
		③	④			③	④
108	**air** [εər]	①	②		공기, 공중	①	②
		③	④			③	④

✓ STEP 1

109 ① ② ③

항공기 모양 장난감을 어떻게 했니?
애워쌌어, 큰 랩으로..

☺ 항공기 ⇨ 에어크레프트

110 ① ② ③

통로로 누굴 데려올까?
그 아일 데려와.

☺ 통로 ⇨ 아일

111 ① ② ③

게와 소라게가 **같은 종류**인 걸 어떻게
아니?
서로 **얽힘**을 찾아보면 알 수 있어.

☺ 같은 종류의 ⇨ 어킨

112 ① ② ③

뭐에 **놀랐**니?
알람 소리에.

☺ 놀라게 하다 ⇨ 얼람

113 ① ② ③

밖에서 잘 **경계했**니?
응, 추워서 몸이 얼었어.

☺ 경계하는 ⇨ 얼러-트

114 ① ② ③

대수학을 뭐로 공부했니?
웬 지푸라기로 배웠어.

☺ 대수학 ⇨ 앨져브라

115 ① ② ③

너, 내가 한 **변명**을 선생님께 이를
거지?
응, 일러바칠 거야.

☺ 변명 ⇨ 앨러바이

116 ① ② ③

외국 영화 뭐 좋아해?
미국 영화 에일리언.

☺ 외국의 ⇨ 에일리언

117 ① ② ③

애들이 너를 **멀리해서** 어떻게 해?
응, 왜 이리(이렇게) 내일이 두렵네~

☺ 멀리하다 ⇨ 에일리어네이트

118 ① ② ③

서로 같은 학교 다녔니?
우리는 얼라(아기) 때부터 익숙해.

☺ 서로 같은 ⇨ 얼라익

119 ① ② ③

난, 그에게 **알레르기**가 있어.
그래도 앨러지 반응보이지 마.

☺ 알레르기 ⇨ 앨러지

120 ① ② ③

골목길에서 누굴 봤어?
이상한 나라의 앨리스.

☺ 골목길 ⇨ 앨리

109 항공기	110 통로	111 같은 종류의

① ② ③ ④ ⑤　　① ② ③ ④ ⑤　　① ② ③ ④ ⑤

112 놀라게 하다	113 경계하는	114 대수학

① ② ③ ④ ⑤　　① ② ③ ④ ⑤　　① ② ③ ④ ⑤

115 변명	116 외국의	117 멀리하다

① ② ③ ④ ⑤　　① ② ③ ④ ⑤　　① ② ③ ④ ⑤

118 서로 같은	119 알레르기	120 골목길

① ② ③ ④ ⑤　　① ② ③ ④ ⑤　　① ② ③ ④ ⑤

109	aircraft [ɛərkrǽft]	①	②		항공기	①	②
		③	④			③	④
110	alsle [ail]	①	②		통로	①	②
		③	④			③	④
111	akin [əkín]	①	②		혈족[동족]의; 같은 종류의, 유사한[유사한, 동류의]	①	②
		③	④			③	④
112	alarm [əláːrm]	①	②		놀라게 하다, 놀람, 공포	①	②
		③	④			③	④
113	alert [əláːrt]	①	②		방심하지 않는, 경계하는, 경계 태세	①	②
		③	④			③	④
114	algebra [ǽldʒibrə]	①	②		대수학	①	②
		③	④			③	④
115	alibi [ǽləbài]	①	②		알리바이, 변명	①	②
		③	④			③	④
116	alien [éiljən,-liən]	①	②		외국의, 우주의	①	②
		③	④			③	④
117	alienate [éiljənèit,-liə-]	①	②		소외시키다, 멀리하다	①	②
		③	④			③	④
118	alike [əláik]	①	②		서로 같은, 마찬가지의	①	②
		③	④			③	④
119	allergy [ǽlərdʒi]	①	②		알레르기, 반감, 혐오	①	②
		③	④			③	④
120	alley [ǽli]	①	②		골목길	①	②
		③	④			③	④

✓ STEP 1

121 ① ② ③

둘이 **동맹의** 약속을 맺었대.
얼레~ 이 둘이서?
☺ 동맹의 ⇨ 얼라이드

122 ① ② ③

배정한 곳에 애를 넣어야 해.
앨(애를) 넣게? 이 추운데.
☺ 배정하다 ⇨ 앨러케이트

123 ① ② ③

이 사람에게 왜 쌀을 더 **배당해**?
어랏! 이 사람은 쌀이 더 필요해.
☺ 배당하다 ⇨ 얼라트

124 ① ② ③

어디로 갈지 **허락** 받았니?
얼루(어디로) 갈 지는 내 자유야.
☺ 허락하다 ⇨ 얼라우

125 ① ② ③

그에게 **수당**을 왜 줬어?
어라! 원수인지 몰랐어.
☺ 수당 ⇨ 얼라우언스

126 ① ② ③

동맹하게 됐으니~
얼른 이리와.
☺ 동맹하다 ⇨ 얼라이

127 ① ② ③

지금도 **떨어져** 있는데~
얼루(어디로) 피해?
☺ 떨어져서 ⇨ 얼루-프

128 ① ② ③

제단이 어디야?
알 턱이 없어.
☺ 제단 ⇨ 오-올터

129 ① ② ③

온도를 **변경했어**?
알이 터지지 않도록 변경했어.
☺ 변경하다 ⇨ 오-올터

130 ① ② ③

번갈아 가며 뭐 **하는** 거야?
알을 털어내고 있어.
☺ 번갈아 하는 ⇨ 오-올터네이트

131 ① ② ③

양자택일해!
알을 털어낼 것인지 티브이를 볼
것인지?
☺ 양자택일 ⇨ 오-올터-너티브

132 ① ② ③

앨(인명)은 **높은 곳**에서 뭐하니?
앨은 티(티셔츠)도 얇은 것 입고 드럼
치고 있어.
☺ 높은 곳 ⇨ 앨터튜-드

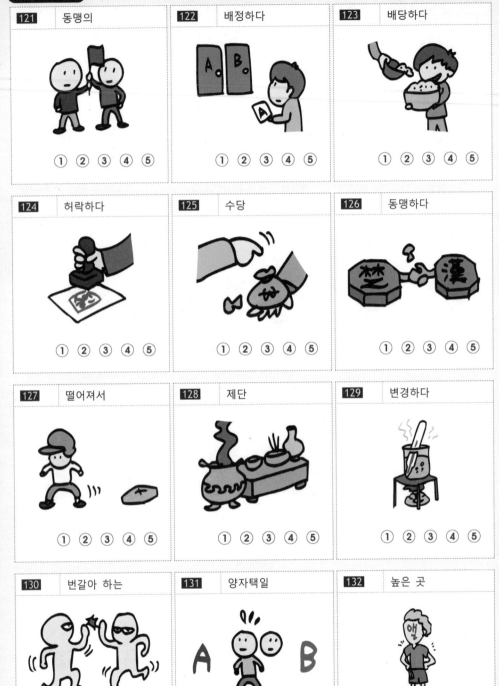

121 동맹의	122 배정하다	123 배당하다
① ② ③ ④ ⑤	① ② ③ ④ ⑤	① ② ③ ④ ⑤
124 허락하다	125 수당	126 동맹하다
① ② ③ ④ ⑤	① ② ③ ④ ⑤	① ② ③ ④ ⑤
127 떨어져서	128 제단	129 변경하다
① ② ③ ④ ⑤	① ② ③ ④ ⑤	① ② ③ ④ ⑤
130 번갈아 하는	131 양자택일	132 높은 곳
① ② ③ ④ ⑤	① ② ③ ④ ⑤	① ② ③ ④ ⑤

121	allied [əláid]	① ② ③ ④		동맹의	① ② ③ ④
122	allocate [æləkèit]	① ② ③ ④		할당(배정)하다	① ② ③ ④
123	allot [əlát]	① ② ③ ④		배당하다	① ② ③ ④
124	allow [əláu]	① ② ③ ④		허락하다, 인정하다, 지급하다	① ② ③ ④
125	allowance [əláuəns]	① ② ③ ④		수당, 참작, 한도, 용돈	① ② ③ ④
126	ally [əlái, ǽlai]	① ② ③ ④		동맹하다, 결합시키다	① ② ③ ④
127	aloof [əlú:f]	① ② ③ ④		떨어져서, 초연히, 냉담한	① ② ③ ④
128	altar [ɔ́:ltər]	① ② ③ ④		제단, 계단	① ② ③ ④
129	alter [ɔ́:ltər]	① ② ③ ④		변경하다, 바꾸다	① ② ③ ④
130	alternate [ɔːltə́rnit]	① ② ③ ④		번갈아 하는, 번갈아 하다	① ② ③ ④
131	alternative [ɔːltə́:rnətiv]	① ② ③ ④		대안, 양자택일	① ② ③ ④
132	altitude [ǽltitjú:d]	① ② ③ ④		높은 곳, 고도, 높이	① ② ③ ④

✓ STEP 1

133 ① ② ③ **애타적인** 사람들은 어떤 사람이니? 아픈 애를 투숙까지 하며 돌보는 사람. ☺ 애타적인 ⇨ 앨투루이스틱	**134** ① ② ③ **졸업생**들은 모금함에 돈을 어떻게 넣었어? **얼른 넣었어.** ☺ 졸업생 ⇨ 얼럼너스	**135** ① ② ③ 스키장 관리는 **비전문가**라서~ 아~ 매일 추워~ ☺ 비전문가 ⇨ 애머추얼

136 ① ② ③ **놀라게 하면** 어떻게 해? 얽매이지 마. ☺ 놀라게 하다 ⇨ 어메이즈	**137** ① ② ③ **대사**가 묵는 호텔은? 앰배서더 호텔. ☺ 대사 ⇨ 앰배서덜	**138** ① ② ③ **애매한** 맛이 나는 이유는? 생선을 냄비에 구워서. ☺ 애매한 ⇨ 앰비규어스

139 ① ② ③ **야심 있는** 옷은? 애비(아버지) 셔츠랑 같은 거. ☺ 야심 있는 ⇨ 앰비셔스	**140** ① ② ③ 헌법을 **개정한** 이유는? 어~ 법을 새로 맨들어서. ☺ 개정하다 ⇨ 어맨드	**141** ① ② ③ **상냥한** 아들은? 애미를 업으려고 해. ☺ 상냥한 ⇨ 에이미어벌

142 ① ② ③ **우호적인~** 애미야, 까불래? ☺ 우호적인 ⇨ 에미커벌	**143** ① ② ③ **총액**이? 어~ 많다! ☺ 총액 ⇨ 어마운트	**144** ① ② ③ **넉넉한** 자리 덕분에? 애를 품었어. ☺ 넉넉한 ⇨ 앰플

133 애타적인	134 졸업생	135 비전문가

① ② ③ ④ ⑤	① ② ③ ④ ⑤	① ② ③ ④ ⑤

136 놀라게 하다	137 대사	138 애매한

① ② ③ ④ ⑤	① ② ③ ④ ⑤	① ② ③ ④ ⑤

139 야심 있는	140 개정하다	141 상냥한

① ② ③ ④ ⑤	① ② ③ ④ ⑤	① ② ③ ④ ⑤

142 우호적인	143 총액	144 넉넉한
① ② ③ ④ ⑤	① ② ③ ④ ⑤	① ② ③ ④ ⑤

133	altruistic [æltruːístik]	① ② ③ ④		이타적인, 애타적인, 사심이 없는, 박애	① ② ③ ④
134	alumnus [əlʌ́mnəs]	① ② ③ ④		졸업생, 동창생	① ② ③ ④
135	amateur [æmət͡ʃùər]	① ② ③ ④		비전문가, 아마추어, 취미로 하는, 아마추어의	① ② ③ ④
136	amaze [əmeiz]	① ② ③ ④		놀라게 하다	① ② ③ ④
137	ambassador [æmbǽsədər]	① ② ③ ④		대사, 특사	① ② ③ ④
138	ambiguous [æmbígjuəs]	① ② ③ ④		애매한, 불분명한	① ② ③ ④
139	ambitious [æmbíʃəs]	① ② ③ ④		야심 있는, 열망하는, 대망을 품은	① ② ③ ④
140	amend [əménd]	① ② ③ ④		개정(수정)하다	① ② ③ ④
141	amiable [éimiəbl]	① ② ③ ④		상냥한, 호감이 가는	① ② ③ ④
142	amicable [æmikəbl]	① ② ③ ④		우호적인, 원만한	① ② ③ ④
143	amount [əmáunt]	① ② ③ ④		총액(이 ~에 달하다), 총계	① ② ③ ④
144	ample [æmpl]	① ② ③ ④		넉넉한, 충분한	① ② ③ ④

✓ STEP 1

145 ① ② ③	146 ① ② ③	147 ① ② ③
확대해서 보면? 웬 풀(grass)이 파이 위에 있네. ☺ 확대하다 ⇨ 앰플러파이	어디서 흥겹게 보냈니? 어! 무주에서. ☺ 흥겹게 하다 ⇨ 어뮤-즈	즐거움이 있는 곳은? 어! 무주는 뭔가 특별해. ☺ 즐거움 ⇨ 어뮤-즈먼트

148 ① ② ③	149 ① ② ③	150 ① ② ③
저 사람은 **시대착오적**인 것 같지 않니? 어~ 나, 크니, 좀? 항상 물어보네. ☺ 시대착오적 ⇨ 어내크러니즘	**아날로그** 시대에 뭐하려고? 애 날려구? ☺ 아날로그 ⇨ 애널로그	오늘은 나와 **유사**하게 생긴 걔가 주번이야? 어! 걘 너지~ ☺ 유사 ⇨ 어낼러쥐

151 ① ② ③	152 ① ② ③	153 ① ② ③
이거 언제 **분해**하지? 어~ 낼(내일) 실습 가서. ☺ 분해 ⇨ 어낼러시스	뭘 **검토**하고 있니? 애 날(낳을) 날이 언젠지. ☺ 검토하다 ⇨ 애널라이즈	**무정부주의**를 믿는 사람과 결혼해서~ 애 낳기 좀 그러네. ☺ 무정부주의 ⇨ 애널키즘

154 ① ② ③	155 ① ② ③	156 ① ② ③

혼란 상황에서는~ 애 낳기 힘들어. ☺ 혼란 ⇨ 애널키	**해부**는 누가 잘해? 어~내 친구 토미. ☺ 해부 ⇨ 어내터미	**조상**님께 인사 했니? 앤~ 세수도 안하고 할 수 없잖아. ☺ 조상 ⇨ 앤세스털

145 확대하다	146 흥겹게 하다	147 즐거움

① ② ③ ④ ⑤	① ② ③ ④ ⑤	① ② ③ ④ ⑤

148 시대착오적	149 아날로그	150 유사

① ② ③ ④ ⑤	① ② ③ ④ ⑤	① ② ③ ④ ⑤

151 분해	152 검토하다	153 무정부주의

① ② ③ ④ ⑤	① ② ③ ④ ⑤	① ② ③ ④ ⑤

154 혼란	155 해부	156 조상

① ② ③ ④ ⑤	① ② ③ ④ ⑤	① ② ③ ④ ⑤

145	amplify [ǽmpləfài]	① ② ③ ④		확대(확장)하다, 부연(설명)하다	① ② ③ ④
146	amuse [əmjúːz]	① ② ③ ④		흥겹게 하다, 웃기다	① ② ③ ④
147	amusement [əmjúːzmənt]	① ② ③ ④		즐거움, 재미	① ② ③ ④
148	anachronism [ənǽkrənizm]	① ② ③ ④		시대착오적, 시대에 뒤떨어진 사람	① ② ③ ④
149	analog [ǽnəlɔ̀ːg,-lɑ̀g]	① ② ③ ④		아날로그(의)	① ② ③ ④
150	analogy [ənǽlədʒi]	① ② ③ ④		유사, 유추, 비슷함, 닮음	① ② ③ ④
151	analysis [ənǽləsis]	① ② ③ ④		분해, 분석	① ② ③ ④
152	analyze [ǽnəlàiz]	① ② ③ ④		검토하다, 분석하다	① ② ③ ④
153	anarchism [ǽnərkìzəm]	① ② ③ ④		무정부주의	① ② ③ ④
154	anarchy [ǽnərki]	① ② ③ ④		혼란, 무정부상태	① ② ③ ④
155	anatomy [ənǽtəmi]	① ② ③ ④		해부, 분석	① ② ③ ④
156	ancestor [ǽnsestər]	① ② ③ ④		조상, 선조	① ② ③ ④

✓ STEP 1

157 ① ② ③

닻을 왜 못 내려?
엉켜서.
☺ 닻 ⇨ 앵컬

158 ① ② ③

옛날 사람은?
애인 셔츠도 모르고 살았어.
☺ 옛날의 ⇨ 에인션트

159 ① ② ③

일화에 나왔던 그 애야~
아~ 그 애니? 독특한 아이 말이지.
☺ 일화 ⇨ 애닉도우트

160 ① ② ③

화가 나서 어떻게 했어?
앵겨 붙었어.
☺ 화 ⇨ 앵걸

161 ① ② ③

각도가 안 맞네?
앵글~(에그~) 그러네.
☺ 각도 ⇨ 앵글

162 ① ② ③

고뇌를 왜 해?
엥~ 그리 쉬운 문제면 고뇌를 안 하지.
☺ 고뇌 ⇨ 앵귀쉬

163 ① ② ③

활기찬 내용의~
애니메이션이 성공해.
☺ 활기 ⇨ 애니메이션

164 ① ② ③

발목을 삐었어?
엥~ 클날뻔 했어.
☺ 발목 ⇨ 앵클

165 ① ② ③

적을 전멸시킨 사람은?
어~ 나이는 어려도 용맹한 아이가.
☺ 전멸시키다 ⇨ 어나이어레이트

166 ① ② ③

기념일이~
아니 벌써 오다니.
☺ 기념일 ⇨ 애너벌-서리

167 ① ② ③

알려준 사람은 누구야?
아나운서.
☺ 알리다 ⇨ 어나운스

168 ① ② ③

자꾸 괴롭힐래?
어~ 놓아줄게.
☺ 괴롭히다 ⇨ 어노이

157 닻	158 옛날의	159 일화

① ② ③ ④ ⑤	① ② ③ ④ ⑤	① ② ③ ④ ⑤

160 화	161 각도	162 고뇌
	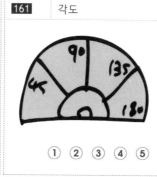	
① ② ③ ④ ⑤	① ② ③ ④ ⑤	① ② ③ ④ ⑤

163 활기	164 발목	165 전멸시키다
	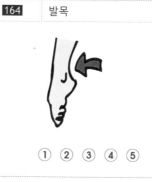	
① ② ③ ④ ⑤	① ② ③ ④ ⑤	① ② ③ ④ ⑤

166 기념일	167 알리다	168 괴롭히다

① ② ③ ④ ⑤	① ② ③ ④ ⑤	① ② ③ ④ ⑤

157	anchor [ǽŋkər]	① ② ③ ④		닻, 정박하다	① ② ③ ④
158	ancient [éinʃənt]	① ② ③ ④		옛날의, 고대의	① ② ③ ④
159	anecdote [ǽnikdóut]	① ② ③ ④		일화	① ② ③ ④
160	anger [ǽŋgər]	① ② ③ ④		화, 노여움	① ② ③ ④
161	angle [ǽŋgl]	① ② ③ ④		각도, 관점, 시각	① ② ③ ④
162	anguish [ǽŋgwiʃ]	① ② ③ ④		고뇌, 커다란 고통	① ② ③ ④
163	animation [ǽniméiʃən]	① ② ③ ④		생기, 활기, 동화[만화 영화],애니메이션.	① ② ③ ④
164	ankle [ǽŋkl]	① ② ③ ④		발목, 복사뼈	① ② ③ ④
165	annihilate [ənáiəléit]	① ② ③ ④		전멸시키다	① ② ③ ④
166	anniversary [ǽnivə́:rsəri]	① ② ③ ④		기념일(의), 매년의	① ② ③ ④
167	announce [ənáuns]	① ② ③ ④		알리다, 고지하다	① ② ③ ④
168	annoy [ənɔ́i]	① ② ③ ④		괴롭히다, 짜증나게 하다	① ② ③ ④

✓ STEP 1

169 ① ② ③	170 ① ② ③	171 ① ② ③
해마다 어떻게 됐어? 애가 늘었어. ☺ 해마다 ⇨ 애뉴얼	**익명**이던 사람이~ 애~ 너니 머티(인명)? ☺ 익명 ⇨ 애너니머티	**익명의** 작가는? 어~나를 넘어서 있어. ☺ 익명의 ⇨ 어나너머스
172 ① ② ③	173 ① ② ③	174 ① ② ③
대답하게 하려면? 애를 서라고 해. ☺ 대답하다 ⇨ 앤설	**인류학** 교과서 어디 있어? 애써서 팔러 지금 갔어. ☺ 인류학 ⇨ 앤쓰러팔러쥐	**항생제**를 들고 뭐하고 있어? 안티 팬들이 오토바이를 타고 틱~ 서있어. ☺ 항생 ⇨ 앤티바이오틱
175 ① ② ③	176 ① ② ③	177 ① ② ③
뭘 기대하고 있니? 앤티씨(인명)가 페인트를 잘 고를지. ☺ 기대하다 ⇨ 앤티서페이트	**반감**이 들면~ 안티 팬들이 난리가 나. ☺ 반감 ⇨ 앤티퍼씨	**낡아빠진** 그곳에 왜 갔어? 안티팬들이 콰이강, 위에 있어서. ☺ 낡아빠진 ⇨ 앤티쿠에티드
178 ① ② ③	179 ① ② ③	180 ① ② ③
골동품에~ 웬 티끌이 묻어있지? ☺ 골동품 ⇨ 앤티-크	**뭘 걱정하고** 있어? 엥~셔츠가 더러워서. ☺ 걱정하는 ⇨ 앵셔스	**아파트**는 어떤 게 좋아? 아파트는 뭔가 트여있어야 좋아. ☺ 아파트 ⇨ 어팔-트먼트

169 해마다	170 익명	171 익명의
① ② ③ ④ ⑤	① ② ③ ④ ⑤	① ② ③ ④ ⑤
172 대답하다	173 인류학	174 항생
① ② ③ ④ ⑤	① ② ③ ④ ⑤	① ② ③ ④ ⑤
175 기대하다	176 반감	177 낡아빠진
① ② ③ ④ ⑤	① ② ③ ④ ⑤	① ② ③ ④ ⑤
178 골동품	179 걱정하는	180 아파트
① ② ③ ④ ⑤	① ② ③ ④ ⑤	① ② ③ ④ ⑤

169	annual [ǽnjuəl]	① ② ③ ④		해마다의, 일년의	① ② ③ ④
170	anonymity [ænəníməti]	① ② ③ ④		익명, 작자, 불명	① ② ③ ④
171	anonymous [ənánəməs]	① ② ③ ④		익명의, 작자 미상의	① ② ③ ④
172	answer [ǽnsər]	① ② ③ ④		대답하다, 책임지다, 대답, 해답	① ② ③ ④
173	anthropology [ænθərəpálədʒi]	① ② ③ ④		인류학	① ② ③ ④
174	antibiotic [æntibaiátik]	① ② ③ ④		항생제, 항생(물질)	① ② ③ ④
175	anticipate [æntisəpéit]	① ② ③ ④		예상하다, 기대하다, 앞지르다	① ② ③ ④
176	antipathy [æntípəθi]	① ② ③ ④		반감, 혐오	① ② ③ ④
177	antiquated [ǽntikwèitid]	① ② ③ ④		낡아빠진, 낙후된	① ② ③ ④
178	antique [æntíːk]	① ② ③ ④		골동품, 고대 유물, 고풍의	① ② ③ ④
179	anxious [ǽŋkʃəs]	① ② ③ ④		걱정하는, 열망하는	① ② ③ ④
180	apartment [əpáːrtmənt]	① ② ③ ④		아파트	① ② ③ ④

✓ STEP 1

---

181 ① ② ③

그는 뭐라고 **변명했니?**
어~ 팔어야지라고.
☺ 변명하다 ⇨ 어팔러쟈이즈

---

182 ① ② ③

소름끼치게 놀라서 어떻게 됐어?
엎어졌어.
☺ 소름끼치게 하다 ⇨ 어포-올

---

183 ① ② ③

도구로 뭐하려고?
에펠탑 만들려고, 에잇!
☺ 도구 ⇨ 애펄레이터스

---

184 ① ② ③

의상은 어디를 신경 써야 해?
앞에를.
☺ 의상 ⇨ 어패럴

---

185 ① ② ③

이건 **분명한** 파란색이지?
어 파란 듯하네.
☺ 분명한 ⇨ 어패런트

---

186 ① ② ③

그는 뭐를 **호소하니?**
어! 피를.
☺ 호소하다 ⇨ 어피-일

---

187 ① ② ③

그 사람은 어떻게 **나타났어?**
엄마에게 업히어서 나타났어.

☺ 나타나다 ⇨ 어피얼

---

188 ① ② ③

식욕은 뭐로 돋워?
에피타이저(appetizer, 식전의 음료)로
돋우면 돼.
☺ 식욕 ⇨ 애피타이트

---

189 ① ② ③

성원에 어떻게 보답할거야?
앞으로 더 잘할게.

☺ 성원하다 ⇨ 어플로-드

---

190 ① ② ③

박수갈채 소리에 가면이 어떻게 됐어?
어~ 풀려졌어.

☺ 박수갈채 ⇨ 어플로-즈

---

191 ① ② ③

비싼 **설비** 옮기는데 조심해~
엎을라, 이 원수!

☺ 설비 ⇨ 어플라이언스

---

192 ① ② ③

신청을 어떻게 하면 돼?
이름 뜻을 어~ 풀이해서 여기 적어
신청하면 돼.
☺ 신청 ⇨ 애플리케이션

181 변명하다	182 소름끼치게 하다	183 도구
① ② ③ ④ ⑤	① ② ③ ④ ⑤	① ② ③ ④ ⑤
184 의상	185 분명한	186 호소하다
① ② ③ ④ ⑤	① ② ③ ④ ⑤	① ② ③ ④ ⑤
187 나타나다	188 식욕	189 성원하다
① ② ③ ④ ⑤	① ② ③ ④ ⑤	① ② ③ ④ ⑤
190 박수갈채	191 설비	192 신청
① ② ③ ④ ⑤	① ② ③ ④ ⑤	① ② ③ ④ ⑤

		①	②			①	②
181	**apologize** [əpálədʒáiz]	③	④		변명하다, 사죄하다	③	④
182	**appal** [əpɔ́:l]	① ③	② ④		소름끼치게 히다	① ③	② ④
183	**apparatus** [æpəréitəs]	① ③	② ④		도구, 용구, 기구, 장치	① ③	② ④
184	**apparel** [əpǽrəl]	① ③	② ④		의상, 복장	① ③	② ④
185	**apparent** [əpǽrənt]	① ③	② ④		분명한, 명백한, 또렷한, 겉치레의	① ③	② ④
186	**appeal** [əpí:l]	① ③	② ④		호소하다, 상소하다, 호소, 상소	① ③	② ④
187	**appear** [əpíər]	① ③	② ④		나타나다, ~인 듯이 보이다	① ③	② ④
188	**appetite** [ǽpitait]	① ③	② ④		식욕, 욕망, 욕구	① ③	② ④
189	**applaud** [əplɔ́:d]	① ③	② ④		성원하다, 박수갈채하다	① ③	② ④
190	**applause** [əplɔ́:z]	① ③	② ④		박수갈채, 환호	① ③	② ④
191	**appliance** [əpláiəns]	① ③	② ④		기구, 용구, 장치, 설비	① ③	② ④
192	**application** [æ̀plikéiʃən]	① ③	② ④		적용, 응용, 신청, 지원(서)	① ③	② ④

✓ STEP 1

193 ① ② ③

야구에서 아웃으로 **적용하는** 건?
어, 공이 플라이(날아서)하는 것.
☺ 적용하다 ⇨ 어플라이

194 ① ② ③

우수회원으로 **임명**되면?
어, 상으로 포인트 카드 받아.
☺ 임명하다 ⇨ 어포인트

195 ① ② ③

보석을 **감정한** 다음 어떻게 해?
보석을 다시 **업그레이**~
☺ 감정하다 ⇨ 어프레이즈

196 ① ② ③

그 분의 **진가**가 뭐니?
어, 프리씨(인명)는 모든 면에서
에이스이지, 틀림없어!
☺ 진가를 인정하다 ⇨
어프리-쉬에이트

197 ① ② ③

평가가 힘든 이유는?
어, 뿌리 시(city)에선 환경이 좋아
평가가 힘들어.
☺ 평가 ⇨ 어프리-쉬에이션

198 ① ② ③

난폭한 사람, 어떻게 **체포하지**?
어, 그 **뿌리치는** 핸드(hand)를 잡아.
☺ 체포하다 ⇨ 애프리헨드

199 ① ② ③

담배 피라는 **계시**를 받으면 어떻게 해?
"**어~ 프렌**(친구)! **디스** 한 가치
빌려줘"하면 돼.
☺ 계시 ⇨ 어프렌티스

200 ① ② ③

어떻게 **접근하지**?
벽 뒤에 숨었다가 **앞으로 치**고 나오면
돼!
☺ 접근하다 ⇨ 어프로우취

201 ① ② ③

풀을 **적합하게** 키우려면 어느 쪽을
잘라야해?
앞쪽으로 풀이 자란 걸 에일듯이 잘라줘.
☺ 적합한 ⇨ 어프로프리에이트

202 ① ② ③

엄마는 어떤 **경향이** 있어?
티비를 보다가 에~ **트림**을 해.
☺ 하는 경향이 있는 ⇨ 앱트

203 ① ② ③

그 친구는 어떤 **소질**이 있어?
엠티갈 때 **튀**드라고.
☺ 소질 ⇨ 앱티튜드

204 ① ② ③

수족관 규모는?
아, 크고 으리으리 해, 움~
☺ 수족관 ⇨ 어쿠웨리엄

193 적용하다	194 임명하다	195 감정하다

① ② ③ ④ ⑤	① ② ③ ④ ⑤	① ② ③ ④ ⑤

196 진가를 인정하다	197 평가	198 체포하다

① ② ③ ④ ⑤	① ② ③ ④ ⑤	① ② ③ ④ ⑤

199 계시	200 접근하다	201 적합한

① ② ③ ④ ⑤	① ② ③ ④ ⑤	① ② ③ ④ ⑤

202 하는 경향이 있는	203 소질	204 수족관

① ② ③ ④ ⑤	① ② ③ ④ ⑤	① ② ③ ④ ⑤

193	**apply** [əplái]	① ② ③ ④		적용하다, 사용하다, 가하다	① ② ③ ④
194	**appoint** [əpɔ́int]	① ② ③ ④		임명(지명)하다, 지정(약속)하다	① ② ③ ④
195	**appraise** [əpréiz]	① ② ③ ④		평가하다, 인식하다, 감정하다	① ② ③ ④
196	**appreciate** [əpriːʃiéit]	① ② ③ ④		감상하다, 진가를 인정하다, 감사하다	① ② ③ ④
197	**appreciation** [əpriːʃiéiʃən]	① ② ③ ④		평가, 감상, 감사	① ② ③ ④
198	**apprehend** [æprihénd]	① ② ③ ④		체포하다, 염려하다	① ② ③ ④
199	**apprentice** [əpréntis]	① ② ③ ④		계시, 도제	① ② ③ ④
200	**approach** [əpróutʃ]	① ② ③ ④		접근하다, 접근, 연구법, 실마리	① ② ③ ④
201	**appropriate** [əpróuprièit]	① ② ③ ④		적합한, 충당하다, 횡령하다	① ② ③ ④
202	**apt** [æpt]	① ② ③ ④		~하는 경향이 있는(be apt to), 재주있는, 적절한	① ② ③ ④
203	**aptitude** [æptitùd]	① ② ③ ④		소질, 적성, 어울림	① ② ③ ④
204	**aquarium** [əkwéəriəm]	① ② ③ ④		수족관	① ② ③ ④

✓ STEP 1

205 ① ② ③

고고학은 우리를?
알게 일러주는 학문이야.

☺ 고고학 ⇨ 알-키알러쥐

206 ① ② ③

제멋대로인 알바도 있지?
응 그런 알바 뜨내기도 있어.

☺ 제멋대로의 ⇨ 알-비트러리

207 ① ② ③

고대에서 가장 인기 있던 디저트는?
알 케이크야.

☺ 고대의 ⇨ 알-케이크

208 ① ② ③

궁술이 뛰어난 사람은?
알 체리도 맞혀.

☺ 궁술 ⇨ 알-쳐뤼

209 ① ② ③

저 **건축물**은 누가 만들었어요?
아, 그 댁(집)도 내 처가 만들었어요.

☺ 건축 ⇨ 알-키텍철

210 ① ② ③

문서는 누가 관리해?
아까 인사했던 이분이 관리해.

☺ 문서 ⇨ 알-카이브

211 ① ② ③

북극의 펭귄 알은?
알이 크고 티가 나.

☺ 북극의 ⇨ 알-크틱

212 ① ② ③

열렬한 사랑의 느낌은?
아! 하고 덴 듯한 감정이야.

☺ 열렬한 ⇨ 알-던트

213 ① ② ③

힘든 이유는?
애가 온종일 알을 주워서 가져오네.

☺ 힘든 ⇨ 알-쥬어스

214 ① ② ③

이 **지역**에 왜 못 들어가게 하죠?
이 애가 어려요.

☺ 지역 ⇨ 에어리어

215 ① ② ③

논쟁이 싫은 이유는?
아이구~ 유치하게 싸우기 싫어.

☺ 논쟁하다 ⇨ 알-규-

216 ① ② ③

일어나게 하려면?
얼레고 달래여서 일어나게 하면 돼.

☺ 일어나다 ⇨ 어라이즈

205 고고학	206 제멋대로의	207 고대의
① ② ③ ④ ⑤	① ② ③ ④ ⑤	① ② ③ ④ ⑤

208 궁술	209 건축	210 문서
① ② ③ ④ ⑤	① ② ③ ④ ⑤	① ② ③ ④ ⑤

211 북극의	212 열렬한	213 힘든
① ② ③ ④ ⑤	① ② ③ ④ ⑤	① ② ③ ④ ⑤

214 지역	215 논쟁하다	216 일어나다
① ② ③ ④ ⑤	① ② ③ ④ ⑤	① ② ③ ④ ⑤

No.	Word				Meaning		
205	**archaeology** [àːrkiálədʒi]	① ② ③ ④			고고학	① ② ③ ④	
206	**arbitrary** [áːrbitrèri]	① ② ③ ④			임의의, 제멋대로의, 전횡적인	① ② ③ ④	
207	**archaic** [aːrkéiik]	① ② ③ ④			고대의, 고풍	① ② ③ ④	
208	**archery** [áːrtʃəri]	① ② ③ ④			궁술	① ② ③ ④	
209	**architecture** [áːrkətèktʃər]	① ② ③ ④			건축물, 건축 양식	① ② ③ ④	
210	**archive** [áːrkaiv]	① ② ③ ④			기록, 문서(보관소)	① ② ③ ④	
211	**arctic** [áːrktik]	① ② ③ ④			북극의, 북극지방	① ② ③ ④	
212	**ardent** [áːrdənt]	① ② ③ ④			열렬한, 열정적인, 불타는	① ② ③ ④	
213	**arduous** [áːrdʒuəs]	① ② ③ ④			힘든, 곤란한	① ② ③ ④	
214	**area** [έəriə]	① ② ③ ④			지역, 범위, 영역	① ② ③ ④	
215	**argue** [áːrgjiː]	① ② ③ ④			논(쟁)하다, 설득하다	① ② ③ ④	
216	**arise** [əráiz]	① ② ③ ④			일어나다, 나타나다, 솟아오르다	① ② ③ ④	

✓ STEP 1

217　① ② ③

귀족이니?
아리스토(텔레스)는 그렇지.
☺ 귀족 ⇨ 애러스타크러시

218　① ② ③

산수공부 어떻게 재미있게 해?
여기 **알 이떠**(있어) **매치**시켜봐.
☺ 산수 ⇨ 어리쓰머틱

219　① ② ③

그렇게 **무장시키는** 이유가 뭐야?
위험한 **암**시장에 침투하기 위해서.
☺ 무장시키다 ⇨ 아-암

220　① ② ③

갑옷과 투구를 어디서 봤니?
아~뭐~ 박물관에서.

☺ 갑옷과 투구 ⇨ 아-멀

221　① ② ③

외로울 때 어떤 **향기**를 맡으면 좋아?
아로마 향기.

☺ 향기 ⇨ 어로우마

222　① ② ③

어떤 뉴스가 너의 호기심을
불러일으켰니?
어라! 우주에 갔다 온 뉴스가.
☺ 불러일으키다 ⇨ 어라우즈

223　① ② ③

배열해 놓은 과일은 뭐야?
오렌지야.
☺ 배열하다 ⇨ 어레인쥐

224　① ② ③

사기꾼이 **체포**당한 곳은 어디야?
어! 유명한 **레스토**랑이야.
☺ 체포하다 ⇨ 어레스트

225　① ② ③

공항에 누가 **도착**했니?
어! 유명한 **라이벌**이.
☺ 도착 ⇨ 어라이벌

226　① ② ③

오만한 그는 어떻게 했어?
여러 건을 트집 잡았이.
☺ 오만한 ⇨ 애러건트

227　① ② ③

네가 **화살**을 쏜-
애로┐나?
☺ 화살 ⇨ 애로우

228　① ② ③

방화를 누가 저질렀는지 알아?
알 순 없어.
☺ 방화 ⇨ 알-쓴

217 귀족	218 산수	219 무장시키다

① ② ③ ④ ⑤	① ② ③ ④ ⑤	① ② ③ ④ ⑤

220 갑옷과 투구	221 향기	222 불러일으키다

① ② ③ ④ ⑤	① ② ③ ④ ⑤	① ② ③ ④ ⑤

223 배열하다	224 체포하다	225 도착
① ② ③ ④ ⑤	① ② ③ ④ ⑤	① ② ③ ④ ⑤

226 오만한	227 화살	228 방화

① ② ③ ④ ⑤	① ② ③ ④ ⑤	① ② ③ ④ ⑤

217	aristocracy [ærəstάkrəsi]	① ② ③ ④		귀족(정치)	① ② ③ ④
218	arithmetic [əríθmətik]	① ② ③ ④		산수, 계산	① ② ③ ④
219	arm [ɑ:rm]	① ② ③ ④		무장시키다, 무기, 팔	① ② ③ ④
220	armor [ά:rmər]	① ② ③ ④		갑옷과 투구(갑주), 방비	① ② ③ ④
221	aroma [əróumə]	① ② ③ ④		방향, 향기	① ② ③ ④
222	arouse [əráuz]	① ② ③ ④		불러일으키다, 자극하다, 각성시키다	① ② ③ ④
223	arrange [əréindʒ]	① ② ③ ④		배열하다, 계획하다, 정하다	① ② ③ ④
224	arrest [ərest]	① ② ③ ④		체포하다, 막다, 체포	① ② ③ ④
225	arrival [əráivəl]	① ② ③ ④		도착, 출현	① ② ③ ④
226	arrogant [ǽrəgənt]	① ② ③ ④		오만한, 건방진	① ② ③ ④
227	arrow [ǽrou]	① ② ③ ④		화살, 화살표	① ② ③ ④
228	arson [ά:rsn]	① ② ③ ④		방화(죄)	① ② ③ ④

✓ STEP 1

229 ① ② ③	230 ① ② ③	231 ① ② ③
간선도로 옆에 뭐가 있어? 알타리 무가 있어. ☺ 간선도로 ⇨ 알-터리	교묘하게 속인 게 뭐야? 앞집 두 평을 넓다고 속였어. ☺ 교묘한 ⇨ 알-트펄	관절염을 어떻게 치료했어? 파스 때문에 앗! 뜨거운 순간, 리(Lee)에게 치료받았어. ☺ 관절염 ⇨ 알-쓰라이티스

232 ① ② ③	233 ① ② ③	234 ① ② ③
이 기사 좀 읽어 줄래? 아! 미안, 티끌만한 글씨라 안 보여. ☺ 기사 ⇨ 아-티클	인공물이 첨가된 팩이 얼굴에 좋을까? 아띠(아씨)! 그건 팩이 아니라 독이야. ☺ 인공물 ⇨ 아-터팩트	인공으로 만든 콘크리트 아파트에 살면? 아토피 걸리셔. ☺ 인공의 ⇨ 아-터피셜

235 ① ② ③	236 ① ② ③	237 ① ② ③
대포의 파편이~ 아! 튀어! ☺ 대포 ⇨ 아-틸러리	예술적인 사람들은? 손이 아리고 쓰려도 틱! 작품을 만들어 ☺ 예술적인 ⇨ 알-티스틱	그 사람 참 꾸밈없어. 아! 사투리 쓰는 그 사람? ☺ 꾸밈없는 ⇨ 알-트레스

238 ① ② ③	239 ① ② ③	240 ① ② ③

뭐 신고 산을 올라? 어~ 샌들 신고. ☺ 오르다 ⇨ 어센드	죄를 확인하는데~ 애써 태연한척 하네. ☺ 확인하다 ⇨ 애서테인	재가 코에 들어가면? 에쉬하고 재채기 해. ☺ 재 ⇨ 애쉬

229 간선도로	230 교묘한	231 관절염

① ② ③ ④ ⑤	① ② ③ ④ ⑤	① ② ③ ④ ⑤

232 기사	233 인공물	234 인공의

① ② ③ ④ ⑤	① ② ③ ④ ⑤	① ② ③ ④ ⑤

235 대포	236 예술적인	237 꾸밈없는

① ② ③ ④ ⑤	① ② ③ ④ ⑤	① ② ③ ④ ⑤

238 오르다	239 확인하다	240 재

① ② ③ ④ ⑤	① ② ③ ④ ⑤	① ② ③ ④ ⑤

		①	②			①	②
229	**artery** [ɑ́ːrtəri]	③	④		동맥, 간선도로	③	④
230	**artful** [ɑ́ːrtfəl]	① ③	② ④		교묘한, 교활한	① ③	② ④
231	**arthritis** [ɑːrəráitis]	① ③	② ④		관절염	① ③	② ④
232	**article** [ɑ́ːrtikl]	① ③	② ④		기사, 품목, 항목	① ③	② ④
233	**artifact** [ɑ́ːrtəfækt]	① ③	② ④		인공물, 가공물	① ③	② ④
234	**artificial** [ɑ́ːrtifiʃəl]	① ③	② ④		인공의, 인조의, 부자연스런	① ③	② ④
235	**artillery** [ɑːrtíləri]	① ③	② ④		포, 대포, 포병(대)	① ③	② ④
236	**artistic** [ɑːrtistik]	① ③	② ④		예술적인, 예술의	① ③	② ④
237	**artless** [ɑ́ːrtlis]	① ③	② ④		꾸밈없는, 투박한	① ③	② ④
238	**ascend** [əsénd]	① ③	② ④		오르다	① ③	② ④
239	**ascertain** [æsərtéin]	① ③	② ④		확인하다, 규명하다	① ③	② ④
240	**ash** [æʃ]	① ③	② ④		재, 폐허, 유골	① ③	② ④

✓ STEP 1

241 ① ② ③

부끄러워~
어~ 쉬인 듯한 목소리라서.

☺ 부끄러운 ⇨ 어쉐임드

242 ① ② ③

모습이~
에스라인 인 것이 퍼펙트 하네.

☺ 모습 ⇨ 애스펙트

243 ① ② ③

우물을 열망하면서 어떻게 했어?
"어서 파요!" 하며 땅을 파게했어.

☺ 열망하다 ⇨ 어스파이얼

244 ① ② ③

독재자를 암살했다며?
없애서 내일부터 볼 수 없을 거야.

☺ 암살하다 ⇨ 어새서네이트

245 ① ② ③

악당을 암살한 사람이 누구야?
바로 나야. 없앴어, 내 손으로.

☺ 암살 ⇨ 어새서네이션

246 ① ② ③

이렇게 습격하면 어때?
어설프~

☺ 습격하다 ⇨ 어소-올트

247 ① ② ③

어떻게 조립해?
어, 센 불에 데워서 조립해.

☺ 조립하다 ⇨ 어셈벌

248 ① ② ③

그 집회는?
어, 샘에게 불리했어.

☺ 집회 ⇨ 어셈블리

249 ① ② ③

누구에게 동의하니?
억센 듯 보이는 사람에게 동의해.

☺ 동의하다 ⇨ 어센트

250 ① ② ③

뭘 주장해?
어서 틀을 벗어나라고.

☺ 주장하다 ⇨ 어설-트

251 ① ② ③

상사가 평가한 서류 들고 어디 갔어?
어~ 샜으~

☺ 평가하다 ⇨ 어세스

252 ① ② ③

재산이 어떻게 됐어?
어~ 샜어~

☺ 재산 ⇨ 에셋

241 부끄러운
① ② ③ ④ ⑤

242 모습
① ② ③ ④ ⑤

243 열망하다
① ② ③ ④ ⑤

244 암살하다
① ② ③ ④ ⑤

245 암살
① ② ③ ④ ⑤

246 습격하다
① ② ③ ④ ⑤

247 조립하다
① ② ③ ④ ⑤

248 집회
① ② ③ ④ ⑤

249 동의하다
① ② ③ ④ ⑤

250 주장하다
① ② ③ ④ ⑤

251 평가하다
① ② ③ ④ ⑤

252 재산
① ② ③ ④ ⑤

241	ashamed [əʃéimd]	① ② ③ ④		부끄러운, 수줍어하는	① ② ③ ④
242	aspect [æspekt]	① ② ③ ④		노습, 측면, (긴물, 땅 등의)방향, 양상	① ② ③ ④
243	aspire [əspáiər]	① ② ③ ④		열망하다	① ② ③ ④
244	assassinate [əsǽsənèit]	① ② ③ ④		암살하다, 손상시키다	① ② ③ ④
245	assassination [əsǽsənèit]	① ② ③ ④		암살	① ② ③ ④
246	assault [əsɔ́:lt]	① ② ③ ④		습격(하다), 맹렬한 비난, 공격, 폭행	① ② ③ ④
247	assemble [əsémbl]	① ② ③ ④		조립하다, 모으다, 모이다	① ② ③ ④
248	assembly [əsémbli]	① ② ③ ④		집회, 회합	① ② ③ ④
249	assent [əsént]	① ② ③ ④		동의(찬성)하다	① ② ③ ④
250	assert [əsə́:rt]	① ② ③ ④		주장하다, 단언하다	① ② ③ ④
251	assess [əsés]	① ② ③ ④		평가하다, 가늠하다	① ② ③ ④
252	asset [æset]	① ② ③ ④		재산, 자산	① ② ③ ④

73

✓ STEP 1

---

253 ① ② ③

반장으로 **임명하려면** 어떻게 해?
어~싸인해 줘.

☺ 임명하다 ⇨ 어사인

---

254 ① ② ③

할당받으려면 어떻게 해요?
어! 싸인을 먼저 써 주세요.

☺ 할당 ⇨ 어사인먼트

---

255 ① ② ③

친구가 공부하는 걸 보고
동화되어서~
"열심히네~" 하고 말해줬어.

☺ 동화되다 ⇨ 어시밀레이트

---

256 ① ② ③

뭘 **가정해볼까?**
어~ 숨 안 쉰다고 가정해봐.

☺ 가정하다 ⇨ 어수-움

---

257 ① ② ③

인수받은 물건은 여기 있었지?
여기 없었어.

☺ 인수 ⇨ 어섬션

---

258 ① ② ③

이 문제에 대해 **보증할 수 있어?**
어 쉬워.

☺ 보증하다 ⇨ 어슈얼

---

259 ① ② ③

소행성에서 뭐가 발견됐어?
에스티로더 화장품.

☺ 소행성 ⇨ 애스터로이드

---

260 ① ② ③

천식 있는 사람은 누구야?
이 아줌마야.

☺ 천식 ⇨ 애즈마

---

261 ① ② ③

누가 너를 **놀라게 했어?**
어 스타, 넷(네명이)이서.

☺ 놀라게 하다 ⇨ 어스타니쉬

---

262 ① ② ③

너를 **깜짝 놀라게 한** 것은 뭐야?
어 스타다운 모습.

☺ 놀라게 하다 ⇨ 어스타운드

---

263 ① ② ③

길을 잃으면?
방향을 어서 틀래이(틀어라)!

☺ 길을 잃어 ⇨ 어스트레이

---

264 ① ② ③

우주비행사가?
우주선에 몸을 애써, 틀어서 넣고
있어.

☺ 우주비행사 ⇨ 애스트러너트

---

253 임명하다	254 할당	255 동화되다
① ② ③ ④ ⑤	① ② ③ ④ ⑤	① ② ③ ④ ⑤

256 가정하다	257 인수	258 보증하다
① ② ③ ④ ⑤	① ② ③ ④ ⑤	① ② ③ ④ ⑤

259 소행성	260 천식	261 놀라게 하다
① ② ③ ④ ⑤	① ② ③ ④ ⑤	① ② ③ ④ ⑤

262 놀라게 하다	263 길을 잃어	264 우주비행사
① ② ③ ④ ⑤	① ② ③ ④ ⑤	① ② ③ ④ ⑤

253	assign [əsáin]	① ② ③ ④		임명하다, (일, 책임 등을)맡기다, 지정하다	① ② ③ ④
254	assignment [əsáinmənt]	① ② ③ ④		살낭, (컴퓨터)지정, 지시	① ② ③ ④
255	assimilate [əsimileit]	① ② ③ ④		(지식·문화 등을) 완전히 이해하다, 흡수하다. (문화적으로) 동화되다[동화시키다]	① ② ③ ④
256	assume [əsú:m]	① ② ③ ④		가정하다, 가장하다, 떠맡다	① ② ③ ④
257	assumption [əsʌ́mpʃən]	① ② ③ ④		인수, 수락, 취임, 가정(억측)	① ② ③ ④
258	assure [əʃúər]	① ② ③ ④		보증하다, 확신시키다	① ② ③ ④
259	asteroid [æstərɔ̀id]	① ② ③ ④		소행성, 불가사리류, 별모양의	① ② ③ ④
260	asthma [ǽzmə, æs-]	① ② ③ ④		천식	① ② ③ ④
261	astonish [əstániʃ]	① ② ③ ④		(몹시)놀라게 하다	① ② ③ ④
262	astound [əstáund]	① ② ③ ④		깜짝 놀라게 하다, 아연실색케 하다	① ② ③ ④
263	astray [əstréI]	① ② ③ ④		길을 잃어	① ② ③ ④
264	astronaut [ǽstrənɔ̀:t]	① ② ③ ④		우주비행사	① ② ③ ④

259 Estee Lauder Companies 에스티 로더. 미국의 화장품, 향수 제조업체

✓ STEP 1

265 ① ② ③

이번 **천문학** 시험은 어려웠니?
어서 **떨**어지는 **놈**이 많아서 다 재수강
할 듯해.
☺ 천문학 ⇨ 어스타너미

266 ① ② ③

운동선수가?
애 떨어트릴 뻔 했어.
☺ 운동선수 ⇨ 애쓸리-트

267 ① ② ③

건장한 남자가?
내가 운동에 **애쓰**려면 틱하고 비웃어.
☺ 건장한 ⇨ 애쓸래틱

268 ① ② ③

지도책과 뭐가 필요해?
아틀라스(초코바) 생겨!
☺ 지도책 ⇨ 애틀러스

269 ① ② ③

대기가 더러워졌어.
엥 또 뭘 피워?
☺ 대기 ⇨ 애트머스피얼

270 ① ② ③

원자폭탄처럼 강한 로봇은?
아톰.
☺ 원자 ⇨ 애텀

271 ① ② ③

네가 저지른 **죄 값을 치러**야지?
죄송합니다. 금 **한**(1) **톤**으로
보상할게요.
☺ 보상하다, 죄 값을 치르다 ⇨
어토운

272 ① ② ③

게시판에 **붙인** 메모를 누가 뗐어?
어~ 그거 내가 **뗐지**...
☺ 붙이다 ⇨ 어태취

273 ① ② ③

지각했다고 사장님이 **공격적**이셨지?
어, 그래서 **퇴근**해버렸어.
☺ 공격 ⇨ 어택

274 ① ② ③

누가 먼저 정상에 도달할까?
헥헥~ 나는 **여태** 중간도 못 올라갔어.
☺ 달성하다 ⇨ 어테인

275 ① ② ③

번지 점프를 **시도한** 곳은 어디야?
어~ **템즈강**.
☺ 시도하다 ⇨ 어템트

276 ① ② ③

출석 확인하는데~
여태 도착 안 했어?
☺ 출석하다 ⇨ 어텐드

265 천문학	266 운동선수	267 건장한

① ② ③ ④ ⑤	① ② ③ ④ ⑤	① ② ③ ④ ⑤

268 지도책	269 대기	270 원자

① ② ③ ④ ⑤	① ② ③ ④ ⑤	① ② ③ ④ ⑤

271 보상하다	272 붙이다	273 공격

① ② ③ ④ ⑤	① ② ③ ④ ⑤	① ② ③ ④ ⑤

274 달성하다	275 시도하다	276 출석하다

① ② ③ ④ ⑤	① ② ③ ④ ⑤	① ② ③ ④ ⑤

		①	②			①	②
265	**astronomy** [əstrúnəmi]	③	④		천문학	③	④
266	**athlete** [æθli:t]	① ③	② ④		(수로 육상경기)운동선수, 운동을 잘 하는 사람	① ③	② ④
267	**athletic** [æθlétik]	① ③	② ④		운동의, 건장한, 강건한	① ③	② ④
268	**atlas** [ǽtləs]	① ③	② ④		지도책, 제1경추	① ③	② ④
269	**atmosphere** [ǽtməsfiər]	① ③	② ④		대기; 천체를 둘러싼 가스체, (어떤 장소의) 공기, 분위기, 기분, 주위의 상황.	① ③	② ④
270	**atom** [ǽtəm]	① ③	② ④		원자, 미분자, 극소량	① ③	② ④
271	**atone** [ətóun]	① ③	② ④		보상하다, 죄 값을 치르다, 속죄하다	① ③	② ④
272	**attach** [ətǽtʃ]	① ③	② ④		붙이다, 첨부하다	① ③	② ④
273	**attack** [ətǽk]	① ③	② ④		공격, 비난하다, 폭행하다, 공격하다	① ③	② ④
274	**attain** [ətéin]	① ③	② ④		달성하다, 도달하다	① ③	② ④
275	**attempt** [ətémpt]	① ③	② ④		시도하다, 기도, 시도, 노력	① ③	② ④
276	**attend** [əténd]	① ③	② ④		출석하다, 수행하다, 주의하다	① ③	② ④

✓ STEP 1

277 ① ② ③

너 파티에 **참석**안하고 뭐하고 있니?
여태 돈세는 일만 하고 있어.
☺ 참석 ⇨ 어텐던스

278 ① ② ③

다락방에서 무슨 소리야?
애가 장난치다가 틱하고 떨어졌어.
☺ 다락방 ⇨ 애틱

279 ① ② ③

오늘 **복장**이 멋지지?
어! 타이 얼마주고 샀어?
☺ 복장 ⇨ 어타이얼

280 ① ② ③

선생님께 나쁜 **태도**를 보이면?
애들을 티 나게 두드려 패야해.
☺ 태도 ⇨ 애티튜-드

281 ① ② ③

이 **변호사**는~
어떠니?
☺ 변호사 ⇨ 어터-니

282 ① ② ③

네 남자친구가 너를 **매혹시키는** 점은?
어~ 트랙트를 잘 몰아.
☺ 매혹시키다 ⇨ 어트랙트

283 ① ② ③

대기업에 붙은 건 성실한 노력
덕분이라고 봐.
"어쭈리~ 붙었어?"
☺ ~의 덕분으로 보다 ⇨
어트리뷰-트

284 ① ② ③

들리는 반주에 맞춰서 노래 불러볼래?
그럼 **어디** 불러볼까.
☺ 들리는 ⇨ 오-더블

285 ① ② ③

청중들은 어디 있지?
어디에 서있나 확인 해봐.
☺ 청중 ⇨ 오-디언스

286 ① ② ③

오디션 어디서 봐?
오디션 장에서.

☺ 오디션 ⇨ 오-디션

287 ① ② ③

청중석에서 누굴 찾아?
어디 도토리 엄마가 왔는지 찾고
있어.

☺ 청중석 ⇨ 오-디토-리엄

288 ① ② ③

믿을만한 사람은?
오! 센 척 하지 않아.

☺ 믿을만한 ⇨ 오-쎈틱

277	참석
278	다락방
279	복장
280	태도
281	변호사
282	매혹시키다
283	~의 덕분으로 보다
284	들리는
285	청중
286	오디션
287	청중석
288	믿을만한

277	attendance [əténdəns]	① ② ③ ④		출석, 참석(자), 시중	① ② ③ ④
278	attic [ǽtik]	① ② ③ ④		다락(방)	① ② ③ ④
279	attire [ətáiər]	① ② ③ ④		복장, 의상, 차려입다	① ② ③ ④
280	attitude [ǽtitjúːd]	① ② ③ ④		태도, 자세, 마음가짐	① ② ③ ④
281	attorney [ətə́ːrni]	① ② ③ ④		변호사, 대리인, 검사, 대변인	① ② ③ ④
282	attract [ətrǽkt]	① ② ③ ④		끌다, 매혹시키다	① ② ③ ④
283	attribute [ətríbjuːt]	① ② ③ ④		(~에) 돌리다, (~의) 탓으로 하다, (~의) 행위로 하다; (성질 따위)가 있다고 생각하다	① ② ③ ④
284	audible [ɔ́ːdəbl]	① ② ③ ④		들리는, 청취할 수 있는	① ② ③ ④
285	audience [ɔ́ːdiəns]	① ② ③ ④		청중, 시청자	① ② ③ ④
286	audition [ɔːdíʃən]	① ② ③ ④		오디션, 오디션을 보다	① ② ③ ④
287	auditorium [ɔ̀ːditɔ́ːriəm]	① ② ③ ④		청중석, 방청석, 강당	① ② ③ ④
288	authentic [ɔːθéntik]	① ② ③ ④		믿을만한, 진품인, 진정한	① ② ③ ④

282 tractor 트랙터: 견인력을 이용해서 각종 작업을 하는 작업용 자동차

✓ STEP 1

289 ① ② ③

작가가 뭐라고 말했니?
"오 재떨이주세요."

☺ 작가 ⇨ 오-털

290 ① ② ③

권위주의적인 사람은?
어~ 재떨이로 사람을 때리는
넘(놈)이야.

☺ 권위주의적인 ⇨ 오-토리테리언

291 ① ② ③

권위 있는 사람에게 관심이?
어! 쏠리는 게 티가 나.

☺ 권위 ⇨ 어쏘-리티

292 ① ② ③

누가 너에게 권한을 줬니?
오뚜기가 라이즈(일어나다/rise)해서
권한을 줬어.

☺ 권한을 주다 ⇨ 오-터라이즈

293 ① ② ③

자동차는?
오토바이와 달라.

☺ 자동차 ⇨ 오-토우

294 ① ② ③

자서전에?
오토바이 판 개수가 그래픽으로
그려져 있어.

☺ 자서전 ⇨ 오-토바이아그러피

295 ① ② ③

자동화 기계를 왜 멈춰?
오른쪽 틈에 낀 이 선물 상자를
꺼내려고.

☺ 자동화 ⇨ 오-토매이션

296 ① ② ③

자동차 안에?
오토바이 모양의 모빌을 걸어놨어.

☺ 자동차 ⇨ 오-터머비-일

297 ① ② ③

자치 단체에 낼 서류에?
오타를 낸 놈이 수상해.

☺ 자치단체 ⇨ 오-터노미

298 ① ② ③

작은 배도 이용할 수 있니?
어부는 작은 배일수록 트러블이
많다고 하던데.

☺ 이용할 수 있는 ⇨ 어베일러블

299 ① ② ③

눈사태 때 뭐가 나왔어?
애벌렌지 지렁인지 나왔어.

☺ 눈사태 ⇨ 애벌렌치

300 ① ② ③

큰 거리에 뭐가 있어?
거리에 비누 파는 곳이 있어.

☺ 큰 거리 ⇨ 애버뉴-

289 작가	290 권위주의적인	291 권위

① ② ③ ④ ⑤	① ② ③ ④ ⑤	① ② ③ ④ ⑤

292 권한을 주다	293 자동차	294 자서전

① ② ③ ④ ⑤	① ② ③ ④ ⑤	① ② ③ ④ ⑤

295 자동화	296 자동차	297 자치단체

① ② ③ ④ ⑤	① ② ③ ④ ⑤	① ② ③ ④ ⑤

298 이용할 수 있는	299 눈사태	300 큰 거리
① ② ③ ④ ⑤	① ② ③ ④ ⑤	① ② ③ ④ ⑤

289	author [ɔ́ːər]	① ② ③ ④		저자, 작가, 창조자	① ② ③ ④
290	authoritarian [əθɔ̀ːrətɛ́əriən]	① ② ③ ④		권위주의적인, 독재적인	① ② ③ ④
291	authority [əθɔ́ːriti]	① ② ③ ④		권위(자), 권한, 당국	① ② ③ ④
292	authorize [ɔ́ːəəràiz]	① ② ③ ④		권한을 주다, 위임하다, 공인하다	① ② ③ ④
293	auto [ɔ́ːtou]	① ② ③ ④		자동차, 자동	① ② ③ ④
294	autobiography [ɔ̀ːtəbaiágrəfi]	① ② ③ ④		자서전	① ② ③ ④
295	automation [ɔ̀ːtəméiʃən]	① ② ③ ④		자동화, 자동 조작	① ② ③ ④
296	automobile [ɔ́ːtəməbìl]	① ② ③ ④		자동차	① ② ③ ④
297	autonomy [ɔːtánəmi]	① ② ③ ④		자치(단체)	① ② ③ ④
298	available [əvéiləbl]	① ② ③ ④		이용할 수 있는, 입수할 수 있는	① ② ③ ④
299	avalanche [ǽvəlæ̀ntʃ]	① ② ③ ④		눈사태, 쇄도	① ② ③ ④
300	avenue [ǽvənjùː]	① ② ③ ④		가로수길, 큰거리, 도로	① ② ③ ④

✓ STEP 1

---

301 ① ② ③

평균은?
애버리지를 말하는 거야.
☺ 평균 ⇨ 애버리쥐

---

302 ① ② ③

그녀에게 **반감**을 가진 이유는?
첫 데이트에서 '날 업으셔'해서.
☺ 반감 ⇨ 어벌-션

---

303 ① ② ③

비행하고 왔는데?
에이~ 비에 이 선물이 다 젖었네.
☺ 비행 ⇨ 에이비에이션

---

304 ① ② ③

피하지 마~
어~ 보이(boy)들~
☺ 피하다 ⇨ 어보이드

---

305 ① ② ③

기다리다보니~
어 왜 이렇게 트림이 나와?
☺ 기다리다 ⇨ 어웨이트

---

306 ① ② ③

깨우는 소리가~
어 왜 이렇게 커?
☺ 깨우다 ⇨ 어웨이크

---

307 ① ② ③

시간 됐는데 **깨울까?**
시간 남았는데 어~ 왜 이케 깨워!
☺ 깨우다 ⇨ 어웨이컨

---

308 ① ② ③

뭘 해서 **상** 받았니?
어~ 워드(프로세서)를 잘 해서.
☺ 상 ⇨ 어월-드

---

309 ① ② ③

이 단어 **알고 있는** 단어지?
어, 계속 외워서 알아.
☺ 알고 있는 ⇨ 어웨얼

---

310 ① ② ③

두려움에?
오! 몸이 떨린다.
☺ 두려움 ⇨ 오-

---

311 ① ② ③

저기 **멋진** 것은 뭐야?
오우! 섬이야.
☺ 멋진 ⇨ 오-썸

---

312 ① ② ③

두려운 것이 어디 있는데?
어 풀 속에.
☺ 두려운 ⇨ 오-펄

301 평균	302 반감	303 비행

① ② ③ ④ ⑤　　① ② ③ ④ ⑤　　① ② ③ ④ ⑤

304 피하다	305 기다리다	306 깨우다

① ② ③ ④ ⑤　　① ② ③ ④ ⑤　　① ② ③ ④ ⑤

307 깨우다	308 상	309 알고 있는

① ② ③ ④ ⑤　　① ② ③ ④ ⑤　　① ② ③ ④ ⑤

310 두려움	311 멋진	312 두려운

① ② ③ ④ ⑤　　① ② ③ ④ ⑤　　① ② ③ ④ ⑤

301	average [ǽvəridʒ]	① ② ③ ④		평균, 보통	① ② ③ ④
302	aversion [əvə́:rʃən]	① ② ③ ④		반감, 혐오	① ② ③ ④
303	aviation [eiviéiʃən]	① ② ③ ④		비행, 항공	① ② ③ ④
304	avoid [əvɔ́id]	① ② ③ ④		피하다	① ② ③ ④
305	await [əwéit]	① ② ③ ④		기다리다	① ② ③ ④
306	awake [əwéik]	① ② ③ ④		깨우다, 각성시키다, 깨어있는	① ② ③ ④
307	awaken [əwéikən]	① ② ③ ④		깨(우)다, 불러일으키다	① ② ③ ④
308	award [əwɔ́:rd]	① ② ③ ④		상, 수상, 수여하다	① ② ③ ④
309	aware [əwéər]	① ② ③ ④		알고 있는, 의식한	① ② ③ ④
310	awe [ɔ:]	① ② ③ ④		두려움, 경외	① ② ③ ④
311	awesome [ɔ́:səm]	① ② ③ ④		멋진, 근사한, 어마어마한	① ② ③ ④
312	awful [ɔ́:fəl]	① ② ③ ④		두려운, 경외를 느끼게 하는, 대단한	① ② ③ ④

✓ STEP 1

313 ① ② ③

어색한 사이에 돈을 빌려줄 수
있나요?
어~ 꿔드릴게요.
☺ 어색한 ⇨ 오-쿼드

314 ① ② ③

중심축이 되어야 하는 선수가~
엑 실수라니!
☺ 중심축 ⇨ 액시스

315 ① ② ③

미혼남자가~
배 찰라 조심해.
☺ 미혼남자 ⇨ 배철럴

316 ① ② ③

세균은?
빡 때려야 없어져.
☺ 세균 ⇨ 백티어리어

317 ① ② ③

무례한 종업원이 있는~
배드(나쁜) 맥도널드.
☺ 무례한 ⇨ 배드매널-드

318 ① ② ③

여행할 때 가지고 가는 수화물은?
백(bag)이지.
☺ 수화물 ⇨ 배기쥐

319 ① ② ③

자루 같은~
백이 있어?
☺ 자루 같은 ⇨ 배기

320 ① ② ③

보석금은?
베일에 가려졌어.
☺ 보석금 ⇨ 베일

321 ① ② ③

미끼는 어디 있어?
배에 있어.
☺ 미끼 ⇨ 베이트

322 ① ② ③

균형을 잡기 위해?
다리를 벌렸쓰(어).
☺ 균형 잡다 ⇨ 밸런스

323 ① ② ③

대머리 아저씨는?
볼도 반짝여.
☺ 대머리의 ⇨ 보-올드

324 ① ② ③

투표용지에?
침을 발랏!(발라)
☺ 투표용지 ⇨ 밸러트

313 어색한	314 중심축	315 미혼남자

① ② ③ ④ ⑤　　① ② ③ ④ ⑤　　① ② ③ ④ ⑤

316 세균	317 무례한	318 수화물

① ② ③ ④ ⑤　　① ② ③ ④ ⑤　　① ② ③ ④ ⑤

319 자루 같은	320 보석금	321 미끼

① ② ③ ④ ⑤　　① ② ③ ④ ⑤　　① ② ③ ④ ⑤

322 균형 잡다	323 대머리의	324 투표용지

① ② ③ ④ ⑤　　① ② ③ ④ ⑤　　① ② ③ ④ ⑤

313	awkward [ɔ́:kwərd]	① ② ③ ④		어색한, 거북한, 서투른, 난처한	① ② ③ ④
314	axis [ǽksis]	① ② ③ ④		축, 중심축, 주축	① ② ③ ④
315	bachelor [bǽtʃələr]	① ② ③ ④		미혼남자, 학사	① ② ③ ④
316	bacteria [bæktíəriə]	① ② ③ ④		세균, 박테리아	① ② ③ ④
317	bad-mannered [bædmænə:rd]	① ② ③ ④		무례한	① ② ③ ④
318	baggage [bǽgidʒ]	① ② ③ ④		수하물, 소화물	① ② ③ ④
319	baggy [bǽgi]	① ② ③ ④		자루 같은, 헐렁한, 불룩한	① ② ③ ④
320	bail [beil]	① ② ③ ④		보석(하다), 보석금, 보증인	① ② ③ ④
321	bait [beit]	① ② ③ ④		미끼, 유혹, 꾀어 들이다	① ② ③ ④
322	balance [bǽləns]	① ② ③ ④		균형 잡다, 균형	① ② ③ ④
323	bald [bɔ:ld]	① ② ③ ④		벗어진, 대머리의	① ② ③ ④
324	ballot [bǽlət]	① ② ③ ④		투표용지, 비밀투표(하다)	① ② ③ ④

✓ STEP 1

325 ① ② ③

주차를 **금지할** 차량은?
밴.

☺ 금지하다 ⇨ 밴

326 ① ② ③

공을 **강타**하면?
뱅 돌며 날아가.

☺ 강타 ⇨ 뱅

327 ① ② ③

죄인을 **추방하고?**
칼로 죄인의 모형을 베니 시원하네.

☺ 추방하다 ⇨ 배니쉬

328 ① ② ③

파산하게 되면?
뱅크(은행) 역시 도와주지 않아.

☺ 파산 ⇨ 뱅크럽트시

329 ① ② ③

현수막이~
잘 봬나?

☺ 현수막 ⇨ 배널

330 ① ② ③

연회에서?
방긋 웃으며 즐겼어.

☺ 연회 ⇨ 뱅퀴트

331 ① ② ③

바~가 **술집**이야?
응, 바는 술집이야.

☺ 술집 ⇨ 바-

332 ① ② ③

야만인들은?
바바리를 안 좋아해.

☺ 야만인 ⇨ 바-베어리언

333 ① ② ③

포악한 장면을~
봐버리자 기분이 안 좋았어.

☺ 포악 ⇨ 바-버리즘

334 ① ② ③

벌거벗기니 옷에서~
냄새가 배어났어.

☺ 벌거벗기다 ⇨ 베얼

335 ① ② ③

싸게 산 물건은 어디서 샀니?
바겐세일에서.

☺ 싸게 사는 물건 ⇨ 발-긴

336 ① ② ③

개가 왜 **짖어?**
발 크다고 짖네.

☺ 짖다 ⇨ 발-크

325 금지하다	326 강타	327 추방하다

① ② ③ ④ ⑤	① ② ③ ④ ⑤	① ② ③ ④ ⑤

328 파산	329 현수막	330 연회

① ② ③ ④ ⑤	① ② ③ ④ ⑤	① ② ③ ④ ⑤

331 술집	332 야만인	333 포악

① ② ③ ④ ⑤	① ② ③ ④ ⑤	① ② ③ ④ ⑤

334 벌거벗기다	335 싸게 사는 물건	336 짖다

① ② ③ ④ ⑤	① ② ③ ④ ⑤	① ② ③ ④ ⑤

325	ban [bæn]	① ② ③ ④		금지하다, 금지	① ② ③ ④
326	bang [bæŋ]	① ② ③ ④		깅타하는 소리(딱, 탕, 쾅, 쿵); 강타, 타격; 원기, 기력.	① ② ③ ④
327	banish [bǽniʃ]	① ② ③ ④		추방하다, 없애다	① ② ③ ④
328	bankruptcy [bǽŋkrʌptsi]	① ② ③ ④		파산, 도산, 실추	① ② ③ ④
329	banner [bǽnər]	① ② ③ ④		현수막, 기, 슬로건	① ② ③ ④
330	banquet [bǽŋkwit]	① ② ③ ④		연회, 축연	① ② ③ ④
331	bar [báːr]	① ② ③ ④		술집, 막대기, 빗장 지르다, 금지하다, 막대, 식당, 술집	① ② ③ ④
332	barbarian [baːrbɛ́əriən]	① ② ③ ④		야만인, 이방인, 미개한, 야만적인	① ② ③ ④
333	barbarism [báːrbərìzəm]	① ② ③ ④		야만, 무지, 포악	① ② ③ ④
334	bare [bɛər]	① ② ③ ④		벌거벗기다, 폭로하다, 벌거벗은, 가까스의	① ② ③ ④
335	bargain [báːrgən]	① ② ③ ④		매매, 거래, (싸게)사는 물건	① ② ③ ④
336	bark [baːrk]	① ② ③ ④		짖다, 고함치다	① ② ③ ④

✓ STEP 1

337 ① ② ③

헛간의~
반은 내 것이야.
☺ 헛간 ⇨ 바-안

338 ① ② ③

기압계를~
봐라 미터가 얼만지.
☺ 기압계 ⇨ 버라미터

339 ① ② ③

농장이 **황량한** 이유는?
배란이 안 되는 암탉 때문에.
☺ 황량한 ⇨ 배런

340 ① ② ③

산에 **장애물**이 생기기전에~
빨리 캐자.
☺ 장애물 ⇨ 배리케이드

341 ① ② ③

헌 **울타리**는?
이제 **버려!**
☺ 울타리 ⇨ 배리얼

342 ① ② ③

물물교환하려면?
니꺼 주고 내꺼 받어.
☺ 물물교환하다 ⇨ 바-덜

343 ① ② ③

지하실에서?
베일 속에 뭔가 **튀어나올** 것 같아.
☺ 지하실 ⇨ 베이스먼트

344 ① ② ③

세면기에서 뭐해?
칼에 손을 **베어선**(서) 씻고 있어.
☺ 세면기 ⇨ 베이선

345 ① ② ③

복싱을 **기초**부터 배우지 않으면?
글러브에 **베이는 실수**도 있어.
☺ 기초 ⇨ 베이시스

346 ① ② ③

전투게임은?
배틀게임이야.
☺ 전투 ⇨ 배들

347 ① ② ③

만에서 뭘 했어?
곡식을 **베이는** 작업을 했어.
☺ 만 ⇨ 베이

348 ① ② ③

새의 부리 중에?
빅(big)한 크기도 있지.
☺ 새의 부리 ⇨ 비-크

337 헛간	338 기압계	339 황량한

① ② ③ ④ ⑤	① ② ③ ④ ⑤	① ② ③ ④ ⑤

340 장애물	341 울타리	342 물물교환하다

① ② ③ ④ ⑤	① ② ③ ④ ⑤	① ② ③ ④ ⑤

343 지하실	344 세면기	345 기초
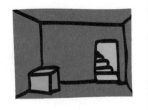		
① ② ③ ④ ⑤	① ② ③ ④ ⑤	① ② ③ ④ ⑤

346 전투	347 만	348 새의 부리

① ② ③ ④ ⑤	① ② ③ ④ ⑤	① ② ③ ④ ⑤

337	**barn** [bɑːrn]	①	②		(농간의) 헛간, 광(곡물·건초 따위를 두는 곳, 미국에서는 축사 겸용);	①	②
		③	④			③	④
338	**barometer** [bərámitər]	①	②		기압계, 지표	①	②
		③	④			③	④
339	**barren** [bǽrən]	①	②		황량한, 척박한, 불모의, 불임인, 소득 없는	①	②
		③	④			③	④
340	**barricade** [bǽrəkèid]	①	②		장애물, 바리케이드	①	②
		③	④			③	④
341	**barrier** [bǽriər]	①	②		울타리, 장벽	①	②
		③	④			③	④
342	**barter** [bɑ́ːrtər]	①	②		물물교환하다	①	②
		③	④			③	④
343	**basement** [béismənt]	①	②		지하실(층)	①	②
		③	④			③	④
344	**basin** [béisən]	①	②		세면기, 물동이, 분지	①	②
		③	④			③	④
345	**basis** [béisis]	①	②		기초, 근거, 원칙, 기준	①	②
		③	④			③	④
346	**battle** [bǽtl]	①	②		전투, 싸움	①	②
		③	④			③	④
347	**bay** [bei]	①	②		만, 산으로 둘러싸인 평지	①	②
		③	④			③	④
348	**beak** [biːk]	①	②		새의 부리(모양의 것)	①	②
		③	④			③	④

✓ STEP 1

349 ① ② ③

저 광선은?
레이저 빔이야.

☺ 광선 ⇨ 비-임

350 ① ② ③

그는 참는 습관이?
몸에 배어있어.

☺ 참다 ⇨ 베얼

351 ① ② ③

턱수염을 깎을 때?
베어도 안 울어.

☺ 턱수염 ⇨ 비어드

352 ① ② ③

저 사람은 짐승과?
비슷하게 생겼어.

☺ 짐승 ⇨ 비-스트

353 ① ② ③

연달아 공을 쳐볼래?
오, 비트가 느껴지는 게 신이 나네.

☺ 연달아 치다 ⇨ 비-트

354 ① ② ③

누가 심판에게 신호했어?
베컴 선수.

☺ 신호하다 ⇨ 베컨

355 ① ② ③

너 정말 미녀가 되었네?
너 나를 비꼬고 있지!

☺ ~이 되다 ⇨ 비컴

356 ① ② ③

쇠고기로 만든 요리는?
비프스테이크.

☺ 쇠고기 ⇨ 비-프

357 ① ② ③

경적을 울리니?
삐입~소리가 나네.

☺ 경적 ⇨ 비잎

358 ① ② ③

동굴을 나가기 전에 주의 사항은?
빛 보기 전에 햄도 먹지 말아야 해.

☺ 전에 ⇨ 비폴-핸드

359 ① ② ③

구걸하느라 무릎 꿇었더니?
다리가 배겨.

☺ 구걸하다 ⇨ 배-그

360 ① ② ③

 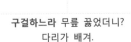

그가 속인 것은?
비 맞은 과일을 새 것처럼.

☺ 속이다 ⇨ 비가일

349 광선	350 참다	351 턱수염

① ② ③ ④ ⑤	① ② ③ ④ ⑤	① ② ③ ④ ⑤

352 짐승	353 연달아 치다	354 신호하다

① ② ③ ④ ⑤	① ② ③ ④ ⑤	① ② ③ ④ ⑤

355 ~이 되다	356 쇠고기	357 경적

① ② ③ ④ ⑤	① ② ③ ④ ⑤	① ② ③ ④ ⑤

358 전에	359 구걸하다	360 속이다

① ② ③ ④ ⑤	① ② ③ ④ ⑤	① ② ③ ④ ⑤

		①	②			①	②
349	**beam** [bi:m]	③	④		광선, 들보, 저울	③	④
350	**bear** [bɛər]	①	②		참다, 낳다, 지니다, 나르다, 곰	①	②
		③	④			③	④
351	**beard** [biərd]	①	②		턱수염	①	②
		③	④			③	④
352	**beast** [bi:st]	①	②		짐승, 야수	①	②
		③	④			③	④
353	**beat** [bi:t]	①	②		연달아 치다, 규칙적으로 움직이다, 이기다, 심장 고동	①	②
		③	④			③	④
354	**beckon** [békən]	①	②		신호하다, (손짓으로)부르다	①	②
		③	④			③	④
355	**become** [bikʌ́m]	①	②		~ 이 되다, ~(해)지다, 어울리다, 적합하다	①	②
		③	④			③	④
356	**beef** [bi:f]	①	②		쇠고기, 고기	①	②
		③	④			③	④
357	**beep** [bi:p]	①	②		삑하는 소리(경적), 경적을 울리다	①	②
		③	④			③	④
358	**beforehand** [bifɔ́:rhæ̀nd]	①	②		이전에, 전부터, 미리,	①	②
		③	④			③	④
359	**beg** [be(:)g]	①	②		구걸하다, 부탁하다	①	②
		③	④			③	④
360	**beguile** [bigáil]	①	②		속이다, 사취하다	①	②
		③	④			③	④

✓ STEP 1

361 ① ② ③

도둑의 **행동**은?
다른 사람에 **비해 비열**하다.
☺ 행동 ⇨ 비헤이비얼

362 ① ② ③

트림이 나오네?
벨(별)로 **취**하지도 않았는네.
☺ 트림하다 ⇨ 벨취

363 ① ② ③

믿음이란?
물건을 **빌리**고플 때 빌릴 수 있는 것.
☺ 믿음 ⇨ 빌리-프

364 ① ② ③

네가 **믿는** 것은?
빌이 **리브**를 사랑해 줄 것을.
☺ 믿다 ⇨ 빌리-브

365 ① ② ③

배를 날씬하게 하려면?
밸리 댄스를 추면 돼.
☺ 배 ⇨ 벨리

366 ① ② ③

넌 어디 **속해 있는** 식당 직원이니?
비룡식당.
☺ ~에 속하다 ⇨ 빌롱

367 ① ② ③

사랑하는 사람에게는?
뭐든 **빌려**주고 **부드럽**게 대해.

☺ 사랑하는 ⇨ 빌러비드

368 ① ② ③

구부러지는 관절에도?
잘 붙는 **밴드**.

☺ 구부리다 ⇨ 벤드

369 ① ② ③

자비로운 예수님을 생각하면?
가슴을 **베**어내 **피**가 **선 듯** 한 옷이
생각나서 슬퍼.

☺ 자비로운 ⇨ 베네피선트

370 ① ② ③

유익한 휴가는?
밴에서 **피**서를 보내는 거.
☺ 유익한 ⇨ 베너피셜

371 ① ② ③

이익이 세 배인 줄 알았는데?
두 **배네 피**~
☺ 이익 ⇨ 베너피트

372 ① ② ③

굽은 허리를 펴주는?
이**벤트**행사를 해.
☺ 굽은 ⇨ 벤트

361 행동	362 트림하다	363 믿음
① ② ③ ④ ⑤	① ② ③ ④ ⑤	① ② ③ ④ ⑤
364 믿다	365 배	366 ~에 속하다
① ② ③ ④ ⑤	① ② ③ ④ ⑤	① ② ③ ④ ⑤
367 사랑하는	368 구부리다	369 자비로운
① ② ③ ④ ⑤	① ② ③ ④ ⑤	① ② ③ ④ ⑤
370 유익한	371 이익	372 굽은
① ② ③ ④ ⑤	① ② ③ ④ ⑤	① ② ③ ④ ⑤

361	**behavior** [bihéivjər]	① ② ③ ④		행동, 행위	① ② ③ ④
362	**belch** [beltʃ]	① ② ③ ④		트림(하다)	① ② ③ ④
363	**belief** [bilíːf]	① ② ③ ④		믿음, 확신, 신념, 소신	① ② ③ ④
364	**believe** [bilíːv]	① ② ③ ④		믿다, ~라고 생각하다	① ② ③ ④
365	**belly** [béli]	① ② ③ ④		배, 복부, 위, 식욕, 자궁	① ② ③ ④
366	**belong** [bilɔ́(ː)ŋ]	① ② ③ ④		~에 속하다, 소속하다	① ② ③ ④
367	**beloved** [bilʌ́vid]	① ② ③ ④		사랑하는, 소중한	① ② ③ ④
368	**bend** [bend]	① ② ③ ④		구부리다, 숙이다, 굽힘	① ② ③ ④
369	**beneficent** [bənéfəsənt]	① ② ③ ④		자비로운, 도움을 주는	① ② ③ ④
370	**beneficial** [bénəfiʃəl]	① ② ③ ④		유익한	① ② ③ ④
371	**benefit** [bénəfit]	① ② ③ ④		이익, 은혜	① ② ③ ④
372	**bent** [bent]	① ② ③ ④		굽은, 열중한, 경향, 좋아함	① ② ③ ④

✓ STEP 1

373 ① ② ③

그는 아내와 **사별하고** 장례식을?
비리(미리) 부탁했어.
☺ 사별하다 ⇨ 비리-브

374 ① ② ③

올해의 인기상을 **수여한** 차량은?
경차 비스토.
☺ 수여하다 ⇨ 비스토우

375 ① ② ③

내기에서 지면 뭘 내야 해?
뱃삯.
☺ 내기 ⇨ 베트

376 ① ② ③

친구를 **배반하고** 알리자 경찰이?
숨은 곳을 "비추레이" 하고 말했어.
☺ 배반하다 ⇨ 비트레이

377 ① ② ③

속쓰림을 **더 나아지게** 하는 약은?
배탈약.
☺ 더 좋은 ⇨ 베털

378 ① ② ③

상한 **음료**를 잘못 마시면?
배버리지.
☺ 음료 ⇨ 베벌리쥐

379 ① ② ③

비 **조심하라고** 경고를 주면?
"비~ 왜요?"하고 묻는 학생이 있어.
☺ 조심하다 ⇨ 비웨얼

380 ① ② ③

그 신입 사원을 **당황시킨** 것은?
과장이 사장님의 비윌(비위를) 더
건드려서 그래.
☺ 당황시키다 ⇨ 비윌덜

381 ① ② ③

나는 **반년마다**?
바위에 누워 명상해.
☺ 반년마다 ⇨ 바이애뉴얼

382 ① ② ③

그는 **편견**이 심한 사람이지?
응, 그의 편견은 **바위였어**(바위처럼
심해).
☺ 편견 ⇨ 바이어스

383 ① ② ③

성서를 읽으려면?
바이벌을 읽어.
☺ 성서 ⇨ 바이벌

384 ① ② ③

선생님이 뭐하라고 **명령하셨니**?
비 들고 청소하라고.
☺ 명령하다 ⇨ 비드

373 사별하다	374 수여하다	375 내기

① ② ③ ④ ⑤	① ② ③ ④ ⑤	① ② ③ ④ ⑤

376 배반하다	377 더 좋은	378 음료
① ② ③ ④ ⑤	① ② ③ ④ ⑤	① ② ③ ④ ⑤

379 조심하다	380 당황시키다	381 반년마다
① ② ③ ④ ⑤	① ② ③ ④ ⑤	① ② ③ ④ ⑤

382 편견	383 성서	384 명령하다
① ② ③ ④ ⑤	① ② ③ ④ ⑤	① ② ③ ④ ⑤

No.	Word	①	②		Meaning	①	②
373	**bereave** [biri:v]	①	②		사별하다(여의다)	①	②
		③	④			③	④
374	**bestow** [bistóu]	①	②		수여하다, 주다, 이용하다	①	②
		③	④			③	④
375	**bet** [bet]	①	②		내기(를 걸다), 틀림없이~라고 생각하다	①	②
		③	④			③	④
376	**betray** [bitrei]	①	②		배반하다, 드러내다	①	②
		③	④			③	④
377	**better** [bétər]	①	②		더 좋은(나은), 개선하다, 출세하다	①	②
		③	④			③	④
378	**beverage** [bévəridʒ]	①	②		음료, 마실 것	①	②
		③	④			③	④
379	**beware** [biwέər]	①	②		조심(주의)하다, 경계하다	①	②
		③	④			③	④
380	**bewilder** [biwildər]	①	②		당황시키다, 혼란스럽게 만들다	①	②
		③	④			③	④
381	**biannual** [baiǽnjuəl]	①	②		반년마다의, 연 2회의	①	②
		③	④			③	④
382	**bias** [báiəs]	①	②		편견, 경향	①	②
		③	④			③	④
383	**bible** [báibəl]	①	②		성서, (어떤 분야의)권위 있는 서적	①	②
		③	④			③	④
384	**bid** [bid]	①	②		명령하다, 말하다	①	②
		③	④			③	④

✓ STEP 1

---

385 ① ② ③

2개 국어를 하려면?
봐, 이 링거를 꽂으면 돼.
☺ 2개 국어를 하는 ⇨ 바이링궐

---

386 ① ② ③

밀린 **청구서** 내려면?
돈을 빌려.
☺ 청구서 ⇨ 빌

---

387 ① ② ③

10억을 만드는 가장 빠른 방법은?
은행에서 **빌려**온다.
☺ 10억 ⇨ 빌리언

---

388 ① ② ③

다이어리의 속지를 **묶는** 것은?
바인더.

☺ 묶다 ⇨ 바인드

---

389 ① ② ③

생화학으로 풀었어?
봐요, 캐낸 미스터리예요. 생화학으로
풀었어요.

☺ 생화학 ⇨ 바이오케미스트리

---

390 ① ② ③

이순신 장군의 **일대기**를 보고 있어~
봐요~ 그런 피 튀기는 전쟁을?

☺ 일대기 ⇨ 바이아그러피

---

391 ① ② ③

생물학 교수님 어디 계셔?
저기 봐, **일로**(이리로) 오지.

☺ 생물학 ⇨ 바이알러쥐

---

392 ① ② ③

생물공학의 기술을~
봐요 나뭇잎 테두리가 크죠?

☺ 생물공학 ⇨ 바이오-테크

---

393 ① ② ③

생물공학 학생들은 뭐해?
전체 학생들의 반(1/2)이 올 때 그늘로
지나가면서 연구해.

☺ 생물공학 ⇨ 바이오-테크날러쥐

---

394 ① ② ③

석가탄생일이 곧 온데?
응, 벌써.

☺ 탄생 ⇨ 벌-쓰

---

395 ① ② ③

새끼 때는 **점**처럼 작더니~
벌써 말처럼 컸네.

☺ 점 ⇨ 벌-쓰마-크

---

396 ① ② ③

네 개가 **물어뜯었어?**
봐! 이 뜯어진 거...

☺ 물다 ⇨ 바이트

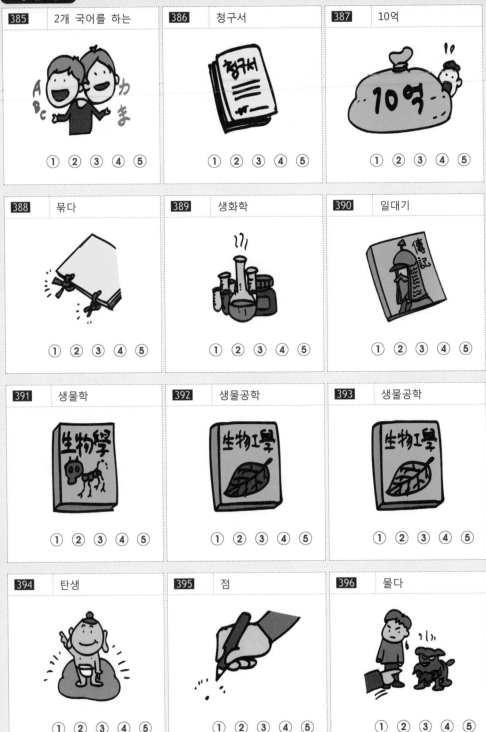

385	2개 국어를 하는	386	청구서	387	10억
① ② ③ ④ ⑤		① ② ③ ④ ⑤		① ② ③ ④ ⑤	
388	묶다	389	생화학	390	일대기
① ② ③ ④ ⑤		① ② ③ ④ ⑤		① ② ③ ④ ⑤	
391	생물학	392	생물공학	393	생물공학
① ② ③ ④ ⑤		① ② ③ ④ ⑤		① ② ③ ④ ⑤	
394	탄생	395	점	396	물다
① ② ③ ④ ⑤		① ② ③ ④ ⑤		① ② ③ ④ ⑤	

385	**bilingual** [bailíŋgwəl]	① ② ③ ④		2개 국어를 하는	① ② ③ ④
386	**bill** [bil]	① ② ③ ④		청구서, 법인, 지폐, 증권	① ② ③ ④
387	**billion** [bíljən]	① ② ③ ④		(미국)10억	① ② ③ ④
388	**bind** [baind]	① ② ③ ④		묶다, 결속시키다	① ② ③ ④
389	**biochemistry** [bàioukéməstri]	① ② ③ ④		생화학	① ② ③ ④
390	**biography** [baiágrəfi]	① ② ③ ④		일대기, 전기, 전기문학	① ② ③ ④
391	**biology** [baiálədʒi]	① ② ③ ④		생물학	① ② ③ ④
392	**biotech** [báioutek]	① ② ③ ④		생물공학(의)	① ② ③ ④
393	**biotechnology** [bàiouteknúlədʒi]	① ② ③ ④		생물공학	① ② ③ ④
394	**birth** [bəːrə]	① ② ③ ④		탄생, 출생	① ② ③ ④
395	**birthmark** [bəːrəmàːrk]	① ② ③ ④		(태어날 때부터 있는)점	① ② ③ ④
396	**bite** [bait]	① ② ③ ④		물다, 물어뜯다, 물기, 물린 상처	① ② ③ ④

✓ STEP 1

---

397 ① ② ③

상처가 **쓰라린** 이유는?
비탈길에서 넘어져서.

☺ 쓰라린 ⇨ 비털

---

398 ① ② ③

정전 됐을 때 조심해야 할 것은?
불내고 아웃(나가다)하는 사람을
조심해.

☺ 정전 ⇨ 블랙아웃

---

399 ① ② ③

방화범을 **비난하며** 사람들이 한 말은?
"네가 불내? 임마!" 라고 했어.

☺ 비난하다 ⇨ 블레임

---

400 ① ② ③

공백 자리는 뭐야?
산에 불낸 큰 공백이야.

☺ 공백의 ⇨ 블랭크

---

401 ① ② ③

돌풍이
불냈어 또?

☺ 돌풍 ⇨ 블래스트

---

402 ① ② ③

발사된 폭탄 때문에?
불났어, 오빠!

☺ 발사 ⇨ 블래스트어프

---

403 ① ② ③

불길이 타오르기 전에 방화범이
뭐라고 했어?
"불내야지."

☺ 불길 ⇨ 블레이즈

---

404 ① ② ③

요번에 **탈색**할 때 무슨 색을 쓰게?
가을 트렌드에 따라 갈색 블리치를
쓰려고.

☺ 탈색시키다 ⇨ 블리-취

---

405 ① ② ③

어둡고 **황량한** 곳에선?
불이 꼭 필요해.

☺ 황량한 ⇨ 블리-크

---

406 ① ② ③

출혈이 많아서?
불리한 상황이야.

☺ 출혈하다 ⇨ 블리-드

---

407 ① ② ③

잘 **혼합**되려면?
블랜더를 사용해.

☺ 혼합되다 ⇨ 블렌드

---

408 ① ② ③

인간의 가장 **축복** 중 하나는?
불에 쓰임을 알게 된 거.

☺ 축복하다 ⇨ 블레스

397 쓰라린	398 정전	399 비난하다
① ② ③ ④ ⑤	① ② ③ ④ ⑤	① ② ③ ④ ⑤
400 공백의	401 돌풍	402 발사
① ② ③ ④ ⑤	① ② ③ ④ ⑤	① ② ③ ④ ⑤
403 불길	404 탈색시키다	405 황량한
① ② ③ ④ ⑤	① ② ③ ④ ⑤	① ② ③ ④ ⑤
406 출혈하다	407 혼합되다	408 축복하다
① ② ③ ④ ⑤	① ② ③ ④ ⑤	① ② ③ ④ ⑤

397	bitter [bítər]	① ② ③ ④		쓴, 쓰라린, 신랄한	① ② ③ ④
398	blackout [blǽkàut]	① ② ③ ④		정전, 암전	① ② ③ ④
399	blame [bleim]	① ② ③ ④		비난하다, ~의 탓으로 돌리다, 책임, 허물	① ② ③ ④
400	blank [blæŋk]	① ② ③ ④		공백의, 내용이 없는, 빈자리, 텅 빈	① ② ③ ④
401	blast [blæst,blɑ:st]	① ② ③ ④		돌풍, 폭발, 파티	① ② ③ ④
402	blast-off [blæst-ɔ:f]	① ② ③ ④		(로켓·미사일의) 발사	① ② ③ ④
403	blaze [bleiz]	① ② ③ ④		불길, 타오름, 번쩍거림, 타오르다	① ② ③ ④
404	bleach [bli:tʃ]	① ② ③ ④		탈색시키다, 표백하다, 표백제	① ② ③ ④
405	bleak [bli:k]	① ② ③ ④		황량한, 음산한, 음울한	① ② ③ ④
406	bleed [bli:d]	① ② ③ ④		출혈하다, 피를 흘리다, 마음 아파하다	① ② ③ ④
407	blend [blend]	① ② ③ ④		혼합되다, 섞이다	① ② ③ ④
408	bless [bles]	① ② ③ ④		축복하다, 베풀다, 주다	① ② ③ ④

407 Blender: 블랜더 , 전기 믹서기

✓ STEP 1

---

409 ① ② ③

눈이 멀지 않게 하려면?
블라인드를 쳐.
☺ 눈 먼 ⇨ 블라인드

---

410 ① ② ③

너 왜 **눈을 깜빡**이니?
밝은 **불** 때문에 **윙크**하게 되네.
☺ 눈을 깜빡이다 ⇨ 블링크

---

411 ① ② ③

가장 **더없는 행복**을 느낄 때는?
블루스를 출 때.
☺ 더없는 행복 ⇨ 블리스

---

412 ① ② ③

물집은 어떻게 해?
살을 **불**리고 **습**하고 **터**지게 만들어.
☺ 물집 ⇨ 블리스털

---

413 ① ② ③

강한 눈보라가 쳐도
부르자 **쟤**도(저 아이도).
☺ 강한 눈보라 ⇨ 블리절드

---

414 ① ② ③

소화를 **방해하는** 음식은?
매운 **불낙**지.
☺ 방해하다 ⇨ 블락

---

415 ① ② ③

금발의 머리를 뭐라고 해?
블론드.
☺ 금발의 ⇨ 블란드

---

416 ① ② ③

혈통이 좋은 남자 있으면~
불러도!
☺ 혈통 ⇨ 블러드

---

417 ① ② ③

꽃이 필 때?
나를 **부름**(부르면) 좋지.
☺ 꽃이 피다 ⇨ 블루-움

---

418 ① ② ③

산에 빨간 **꽃**이?
붓으로 쓴 듯 피어있어.
☺ 꽃 ⇨ 블라섬

---

419 ① ② ③

청사진이란?
블루(파란색)로 **프린트**된 거.
☺ 청사진 ⇨ 블루-프린트

---

420 ① ② ③

전기를 다룰 때 **큰 실수**를 하게 되면?
불난다.
☺ 큰 실수 ⇨ 블런덜

409 눈 먼

① ② ③ ④ ⑤

410 눈을 깜빡이다

① ② ③ ④ ⑤

411 더없는 행복

① ② ③ ④ ⑤

412 물집

① ② ③ ④ ⑤

413 강한 눈보라

① ② ③ ④ ⑤

414 방해하다

① ② ③ ④ ⑤

415 금발의

① ② ③ ④ ⑤

416 혈통

① ② ③ ④ ⑤

417 꽃이 피다

① ② ③ ④ ⑤

418 꽃

① ② ③ ④ ⑤

419 청사진

① ② ③ ④ ⑤

420 큰 실수

① ② ③ ④ ⑤

409	blind [blaind]	① ② ③ ④		눈 먼, 문맹의, 맹목적인	① ② ③ ④
410	blink [bliŋk]	① ② ③ ④		눈을 깜박이다, 빛이 깜박이다, 깜박임	① ② ③ ④
411	bliss [blis]	① ② ③ ④		더없는 행복	① ② ③ ④
412	blister [blístər]	① ② ③ ④		물집, 부푼 것	① ② ③ ④
413	blizzard [blízərd]	① ② ③ ④		강한 눈보라, 쇄도	① ② ③ ④
414	block [blɑk/blɔk]	① ② ③ ④		큰 덩이, 장애, 방해하다	① ② ③ ④
415	blond [blɑnd/blɔnd]	① ② ③ ④		금발의, 금발의 사람	① ② ③ ④
416	blood [blʌd]	① ② ③ ④		피, 혈통, 가계, 혈기, 격정	① ② ③ ④
417	bloom [blu:m]	① ② ③ ④		꽃이 피다, 꽃이 활짝 핌, 개화	① ② ③ ④
418	blossom [blásəm]	① ② ③ ④		꽃, 개화	① ② ③ ④
419	blueprint [blú:prìnt]	① ② ③ ④		청사진(을 뜨다), 면밀한 계획(을 세우다)	① ② ③ ④
420	blunder [blʌ́ndər]	① ② ③ ④		큰 실수(를 범하다), 대 실책	① ② ③ ④

✓ STEP 1

421 ① ② ③

판자를 이용해 만든
보드로 썰매를 타.
☺ 판자 ⇨ 볼-드

422 ① ② ③

그 사람은 어떻게 **자랑해?**
회사의 보스라고 트림하며 자랑해.
☺ 자랑하다 ⇨ 보우스트

423 ① ② ③

격렬한 스포츠는?
볼링.
☺ 격렬한 ⇨ 보일링

424 ① ② ③

야구경기에서 타자가 **대담하게?**
볼에도 휘둘렀어.
☺ 대담한 ⇨ 보울드

425 ① ② ③

폭탄이 언제 터졌어?
밤에 터졌어.
☺ 폭탄 ⇨ 밤

426 ① ② ③

깨진 도자기를 어떻게 **결합**시켜?
본드로 붙여 결합시켜.
☺ 결합 ⇨ 반드

427 ① ② ③

노예의 신분은 어떤 일을 해?
번데기 다루는 일을 해.
☺ 노예의 신분 ⇨ 반디쥐

428 ① ② ③

뼈는 뭐야?
몸의 근본이야.
☺ 뼈 ⇨ 보운

429 ① ② ③

상여금 받았어?
응, 보너스 받았어.
☺ 상여금 ⇨ 보우너스

430 ① ② ③

쾅하는 소리가 어떻게 울렸어?
붐! 하고 울렸어.
☺ 쾅하는 소리 ⇨ 부-움

431 ① ② ③

회사 **수익을 신장시킨** 것은?
신문 부수가 두 배로 팔린 것.
☺ 신장시키다 ⇨ 부-스트

432 ① ② ③

이산가족들이 슬픈 눈으로 남북의
경계를~
보더라.
☺ 경계 ⇨ 보-덜

421 판자	422 자랑하다	423 격렬한

① ② ③ ④ ⑤	① ② ③ ④ ⑤	① ② ③ ④ ⑤

424 대담한	425 폭탄	426 결합

① ② ③ ④ ⑤	① ② ③ ④ ⑤	① ② ③ ④ ⑤

427 노예의 신분	428 뼈	429 상여금

① ② ③ ④ ⑤	① ② ③ ④ ⑤	① ② ③ ④ ⑤

430 쾅하는 소리	431 신장시키다	432 경계

① ② ③ ④ ⑤	① ② ③ ④ ⑤	① ② ③ ④ ⑤

		①	②			①	②
421	**board** [bɔːrd]				판자, 널, 게시판		
		③	④			③	④
422	**boast** [boust]	①	②		자랑하다, 자랑	①	②
		③	④			③	④
423	**boiling** [bɔ́iliŋ]	①	②		격렬한, 끓는	①	②
		③	④			③	④
424	**bold** [bould]	①	②		대담한, 뻔뻔스런	①	②
		③	④			③	④
425	**bomb** [bam]	①	②		폭탄, 폭격하다	①	②
		③	④			③	④
426	**bond** [band]	①	②		결합, 유대, 속박, 채권	①	②
		③	④			③	④
427	**bondage** [bándidʒ]	①	②		노예의 신분, 속박	①	②
		③	④			③	④
428	**bone** [boun]	①	②		뼈, 해골, 골자	①	②
		③	④			③	④
429	**bonus** [bóunəs]	①	②		상여금, 보너스	①	②
		③	④			③	④
430	**boom** [buːm]	①	②		쾅하는 소리, 호황, 벼락경기, 폭등, 쾅 하는 소리를 내다	①	②
		③	④			③	④
431	**boost** [buːst]	①	②		신장시키다, 북돋우다, 격려, 증가, 밀어 올리기	①	②
		③	④			③	④
432	**border** [bɔ́ːrdər]	①	②		테두리, 경계, 국경	①	②
		③	④			③	④

✓ STEP 1

433 ① ② ③

수업이 **지루해서** 잠이 오면?
볼을 꼬집어봐.
☺ 지루하게 하다 ➪ 볼-

434 ① ② ③

가슴에 뭘 지니고 다녀?
부적을 지니고 다녀.
☺ 가슴 ➪ 부점

435 ① ② ③

두목이 누구야?
내가 **보스**야.
☺ 두목 ➪ 보스

436 ① ② ③

식물학 하는 사람들~
봤더니 고리타분해 보여.
☺ 식물학 ➪ 바터니

437 ① ② ③

애를 쓰는 사원에게 상사가?
"**받어**" 하며 피로회복제를 줬어.
☺ 애를 쓰다 ➪ 바덜

438 ① ② ③

공사 할 때 **바닥**이 왜 중요해?
건물의 튼튼한 바탕이 되어야 하니까.
☺ 바닥 ➪ 바텀

439 ① ② ③

큰 가지를 찾으려면?
바위 위를 올려다 봐.
☺ 큰 가지 ➪ 바우

440 ① ② ③

공이 어디로 **튀었니?**
내가 봐 온 공은 스릴있게
떨어지던데!
☺ 튀다 ➪ 바운스

441 ① ② ③

그 아이는 잘 **뛰어오르던데?**
친구들이 하는 걸 봐 온 듯, 연습을
많이 했나봐.
☺ 뛰어오르다 ➪ 바운드

442 ① ② ③

남북의 **경계선**이 어딘지 알겠니?
봐온 터라 잘 알지.
☺ 경계선 ➪ 바운더리

443 ① ② ③

아기가 **절하는** 걸~
봐요.
☺ 절하다 ➪ 바우

444 ① ② ③

불매동맹하려면 어디가 좋아?
업주가 보이는 곳에서.
☺ 불매동맹하다 ➪ 보이카트

433	지루하게 하다	434	가슴	435	두목
① ② ③ ④ ⑤		① ② ③ ④ ⑤		① ② ③ ④ ⑤	

436	식물학	437	애를 쓰다	438	바닥
① ② ③ ④ ⑤		① ② ③ ④ ⑤		① ② ③ ④ ⑤	

439	큰 가지	440	튀다	441	뛰어오르다
① ② ③ ④ ⑤		① ② ③ ④ ⑤		① ② ③ ④ ⑤	

442	경계선	443	절하다	444	불매동맹하다
① ② ③ ④ ⑤		① ② ③ ④ ⑤		① ② ③ ④ ⑤	

433	**bore** [bɔːr]	① ② ③ ④		지루하게 하다, 구멍 뚫다	① ② ③ ④
434	**bosom** [búzəm]	① ② ③ ④		가슴(속), 흉부	① ② ③ ④
435	**boss** [bɔ(ː)s,bɑs]	① ② ③ ④		두목, 사장, 주인, 상관	① ② ③ ④
436	**botany** [bátəni]	① ② ③ ④		식물학	① ② ③ ④
437	**bother** [báðər]	① ② ③ ④		애를 쓰다, 신경 쓰이게 하다, 괴롭히다, 성가심	① ② ③ ④
438	**bottom** [bátəm]	① ② ③ ④		바닥, 속마음 근거, 기초	① ② ③ ④
439	**bough** [bau]	① ② ③ ④		큰 가지	① ② ③ ④
440	**bounce** [bauns]	① ② ③ ④		튀(기)다, 튐	① ② ③ ④
441	**bound** [baund]	① ② ③ ④		뛰어오르다, 꼭~할 것 같은,~로 가는, 도약, 한계, 경계	① ② ③ ④
442	**boundary** [báundəri]	① ② ③ ④		경계(선), 범위, 영역	① ② ③ ④
443	**bow** [bau]	① ② ③ ④		절하다, 구부리다, 절	① ② ③ ④
444	**boycott** [bɔ́ikɑt/-kɔt]	① ② ③ ④		불매동맹하다, 보이콧하다, 불매동맹	① ② ③ ④

✓ STEP 1

445 ① ② ③

뭘 자랑하니?
불에 그을린 듯 탄 피부.
☺ 자랑하다 ⇨ 브래그

446 ① ② ③

뇌에서 위험을 알릴 때는?
몸이 불에 인접할 때.
☺ 뇌 ⇨ 브레인

447 ① ② ③

지점 연락망에?
강남 브랜치가 있어요.
☺ 지점 ⇨ 브랜취

448 ① ② ③

휴식을 갖기 위해 휴게소에서?
브레이크를 밟았어.

☺ 휴식 ⇨ 브레이크

449 ① ② ③

기계가 고장이 났던데?
어제 화재 때문에 불에 익은 다음
그래.
☺ 고장 ⇨ 브레이크다운

450 ① ② ③

적진 공격 시기는?
브레이크 밟고 나뚜루 아이스크림 다
먹고.
☺ 적진 ⇨ 브레이크쓰루-

451 ① ② ③

가슴이~
불에 가까이 있으면 숨을 투하고
내뱉기 어려워.
☺ 가슴 ⇨ 브레스트

452 ① ② ③

호흡에 뭘 쓰고 있어?
어류의 부레를 쓰고 있어.
☺ 호흡 ⇨ 브레쓰

453 ① ② ③

새는 어떻게 숨을 쉬지?
부리를 위로 드밀어서 쉬어.
☺ 숨 쉬다 ⇨ 브리-드

454 ① ② ③

어미 새는 알을 **낳아** 뭘로 들어 옮겨?
부리로 들어 옮겨.
☺ 낳다 ⇨ 브리-드

455 ① ② ③

산들바람에도~
불이 번지네.
☺ 산들바람 ⇨ 브리-즈

456 ① ② ③

인간은 어디에 버티는 시간이 **짧아?**
불에 버티는 시간.
☺ 짧음 ⇨ 브레버티

445 자랑하다	446 뇌	447 지점
① ② ③ ④ ⑤	① ② ③ ④ ⑤	① ② ③ ④ ⑤
448 휴식	449 고장	450 적진
① ② ③ ④ ⑤	① ② ③ ④ ⑤	① ② ③ ④ ⑤
451 가슴	452 호흡	453 숨 쉬다
① ② ③ ④ ⑤	① ② ③ ④ ⑤	① ② ③ ④ ⑤
454 낳다	455 산들바람	456 짧음
① ② ③ ④ ⑤	① ② ③ ④ ⑤	① ② ③ ④ ⑤

445	brag [bræg]	①	②		자랑(하다), 허풍떨다	①	②
		③	④			③	④
446	brain [brein]	①	②		뇌, 두뇌, 지력	①	②
		③	④			③	④
447	branch [bræntʃ]	①	②		가지, 지점, 부문, 파생물	①	②
		③	④			③	④
448	break [breik]	①	②		휴식, 중단, 깨뜨리다, 어기다	①	②
		③	④			③	④
449	breakdown [bréikdàun]	①	②		고장, 파손, 와해	①	②
		③	④			③	④
450	breakthrough [bréikθrù]	①	②		적진, 돌파, 돌파구	①	②
		③	④			③	④
451	breast [brest]	①	②		가슴, 심정	①	②
		③	④			③	④
452	breath [breθ]	①	②		호흡, 숨	①	②
		③	④			③	④
453	breathe [bri:ð]	①	②		숨쉬다, 호흡하다	①	②
		③	④			③	④
454	breed [bri:d]	①	②		양육하다, 낳다, 번식하다, 종, 유형	①	②
		③	④			③	④
455	breeze [bri:z]	①	②		산들바람, 소문	①	②
		③	④			③	④
456	brevity [brévəti]	①	②		(지속 시간이)짧음, 간결성	①	②
		③	④			③	④

✓ STEP 1

457 ① ② ③

뇌물을 준 이유는?
가수가 별로 라이브를 못해서.
☺ 뇌물 ⇨ 브라이브

458 ① ② ③

심사 위원에게 뇌물 수수한 이유는?
경기에서 라이벌이 이기지 못하도록.
☺ 뇌물 수수 ⇨ 브라이버리

459 ① ② ③

벽돌이 갑자기 무너져 어떻게 됐어?
불이익을 봤어.
☺ 벽돌 ⇨ 브릭

460 ① ② ③

시집온 신부가 가지고 온 것은?
브라이트 수세미.

☺ 신부 ⇨ 브라이드

461 ① ② ③

신랑은?
브라이드(신부)를 호텔의 그
룸(방)으로 안고 들어갔어.
☺ 신랑 ⇨ 브라이드그룸

462 ① ② ③

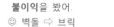

내용이 왜 이렇게 간결하니?
응, 좀 있다가 브리핑 프레젠테이션을
할 예정이야.
☺ 간결한 ⇨ 브리-프

463 ① ② ③

서류가방은 어디 있어?
브리핑자료가 있는 저 케이스가
서류가방이야.
☺ 서류가방 ⇨ 브리-프케이스

464 ① ② ③

반짝이는 것은 뭐야?
불 아이가 들고 있는 불빛이야.
☺ 반짝이다 ⇨ 브라이튼

465 ① ② ③

빛나는 사람을 데리고 왔니?
응, 근데 오리들이 부릴 내밀고
리얼하게 트집 잡네.
☺ 빛나는 ⇨ 브릴리언트

466 ① ② ③

누굴 데려온 거야?
부릴 사람을 데려 왔어.
☺ 데려오다 ⇨ 브링

467 ① ② ③

정상을 차지하기 직전에 뭘 해야 해?
불린 큰 몸이 필요 해.
☺ 직전 ⇨ 브링크

468 ① ② ③

기운찬~
불이~ 숲 큰 곳을 태우고 있어.
☺ 기운찬 ⇨ 브리스크

457 뇌물	458 뇌물 수수	459 벽돌
① ② ③ ④ ⑤	① ② ③ ④ ⑤	① ② ③ ④ ⑤

460 신부	461 신랑	462 간결한
① ② ③ ④ ⑤	① ② ③ ④ ⑤	① ② ③ ④ ⑤

463 서류가방	464 반짝이다	465 빛나는
① ② ③ ④ ⑤	① ② ③ ④ ⑤	① ② ③ ④ ⑤

466 데려오다	467 직전	468 기운찬
① ② ③ ④ ⑤	① ② ③ ④ ⑤	① ② ③ ④ ⑤

457	**bribe** [braib]	① ② ③ ④		뇌물, 뇌물을 주다	① ② ③ ④
458	**bribery** [bráib-əri]	① ② ③ ④		뇌물 수수(뇌물을 주는 행위)	① ② ③ ④
459	**brick** [brik]	① ② ③ ④		벽돌, 덩어리	① ② ③ ④
460	**bride** [braid]	① ② ③ ④		신부, 새색시	① ② ③ ④
461	**bridegroom** [bráidgrù(:)m]	① ② ③ ④		신랑	① ② ③ ④
462	**brief** [bri:f]	① ② ③ ④		간결한, 짧은, 요약하다, 간결하게 설명하다	① ② ③ ④
463	**briefcase** [brí:fkèis]	① ② ③ ④		서류가방	① ② ③ ④
464	**brighten** [bráitn]	① ② ③ ④		반짝이다, 밝아지다, 반짝이게 하다	① ② ③ ④
465	**brilliant** [briljənt]	① ② ③ ④		빛나는, 화려한, 영리한, 훌륭한	① ② ③ ④
466	**bring** [briŋ]	① ② ③ ④		데려오다, 가져오다	① ② ③ ④
467	**brink** [briŋk]	① ② ③ ④		직전, (벼랑, 강가 등의)끝	① ② ③ ④
468	**brisk** [brisk]	① ② ③ ④		기운찬, 활발한, 팔팔한	① ② ③ ④

460 bright: 밝게, 환히, 선명한, 세제 브랜드

127

✓ STEP 1

469 ① ② ③

부서지기 쉬운 나뭇가지를~
부러뜨리려 하지 마.
☺ 부서지기 쉬운 ⇨ 브리틀

470 ① ② ③

다중통신망에~
불로도 공연하는 밴드가 나왔어.
☺ 다중통신망 ⇨ 브로-드밴드

471 ① ② ③

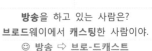

방송을 하고 있는 사람은?
브로드웨이에서 캐스팅한 사람이야.
☺ 방송 ⇨ 브로-드캐스트

472 ① ② ③

카드시장이 **넓어져서**~
물건을 할부로든 일시불로든 살 수
있어.
☺ 넓어지다 ⇨ 브로-든

473 ① ② ③

저기요, 여기 **소책자**가 필요한데요?
나 **불렀슈**, 그건 카운터 앞에 꽂혀
있소..
☺ 소책자 ⇨ 브로-슈얼

474 ① ② ③

무일푼이라니!
나이 불혹에(40에).
☺ 무일푼의 ⇨ 브로우크

475 ① ② ③

청동색은?
브론즈라고 해.
☺ 청동색의 ⇨ 브란즈

476 ① ② ③

개울(시내)에서~
배가 불룩한 아이가 노네.
☺ 개울 ⇨ 브룩

477 ① ② ③

왜 **빗자루**를 들고 왔어?
선생님의 **부름**을 받고 왔어.
☺ 빗자루 ⇨ 브루움

478 ① ② ③

왜 "카이사르"가 **타박상**을 입었어?
브루투스의 칼에 입은 거야.
☺ 타박상 ⇨ 브루-즈

479 ① ② ③

야만적인 원시인들은 옷을 입지
않아서 살이?
부르텄어.
☺ 야만적인 ⇨ 브루-털

480 ① ② ③

왜 원시인들은 **짐승**처럼 보여?
원시생활로 얼굴이 **부르튼** 거야.
☺ 짐승 ⇨ 브루-트

469 부서지기 쉬운	470 다중통신망	471 방송
① ② ③ ④ ⑤	① ② ③ ④ ⑤	① ② ③ ④ ⑤

472 넓어지다	473 소책자	474 무일푼의
① ② ③ ④ ⑤	① ② ③ ④ ⑤	① ② ③ ④ ⑤

475 청동색의	476 개울	477 빗자루
① ② ③ ④ ⑤	① ② ③ ④ ⑤	① ② ③ ④ ⑤

478 타박상	479 야만적인	480 짐승
① ② ③ ④ ⑤	① ② ③ ④ ⑤	① ② ③ ④ ⑤

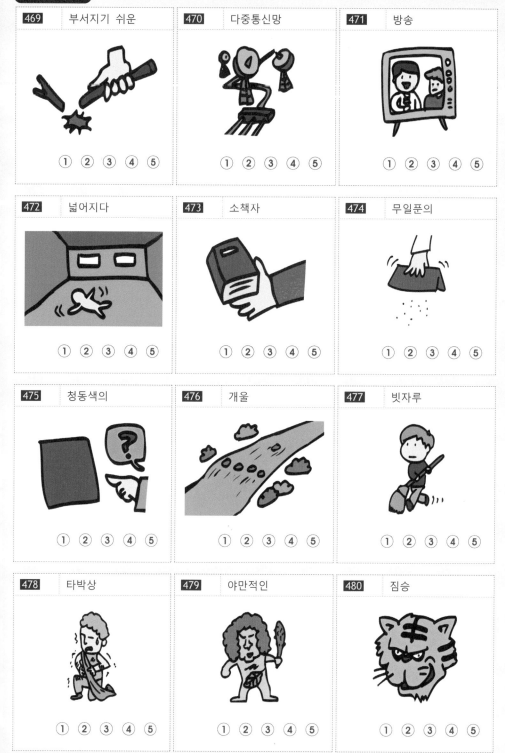

No.	Word	①	②		Meaning	①	②
469	**brittle** [brítl]	①	②		부서지기 쉬운, 과민한	①	②
		③	④			③	④
470	**broadband** [brɔ́:dbænd]	①	②		다중통신망(고속 데이터 통신망), 광대역	①	②
		③	④			③	④
471	**broadcast** [brɔ́kǽst]	①	②		방송, 방송하다	①	②
		③	④			③	④
472	**broaden** [brɔ́:dn]	①	②		넓어지다, 확장하다	①	②
		③	④			③	④
473	**brochure** [brouʃúər]	①	②		(안내, 광고용)소책자, 팜플렛	①	②
		③	④			③	④
474	**broke** [brouk]	①	②		무일푼의 , 파산한	①	②
		③	④			③	④
475	**bronze** [branz]	①	②		청동색의, 청동	①	②
		③	④			③	④
476	**brook** [bruk]	①	②		개울, 시내	①	②
		③	④			③	④
477	**broom** [bru(:)m]	①	②		빗자루, 비로 쓸다	①	②
		③	④			③	④
478	**bruise** [bru:z]	①	②		타박상(을 입다), 상처	①	②
		③	④			③	④
479	**brutal** [brú:təl]	①	②		야만적인, 잔인한	①	②
		③	④			③	④
480	**brute** [bru:t]	①	②		짐승, 금수	①	②
		③	④			③	④

✓ STEP 1

481 ① ② ③

거품이?
버블~ 버블~ 일어나네.

☺ 거품 ⇨ 버벌

482 ① ② ③

싹이 났네~
버드나무에.

☺ 싹 ⇨ 버드

483 ① ② ③

너와 **친구**하려면?
버디버디 메신저 등록해서 친구
추가를 해.

☺ 친구 ⇨ 버디

484 ① ② ③

예산을 세워!
버찌 열매농사에 대한.

☺ 예산 ⇨ 버쥐트

485 ① ② ③

전구가?
볼처럼 부어있어.

☺ 전구 ⇨ 벌브

486 ① ② ③

내 가방 **부피**가 제일 커서~
부끄러웠어.

☺ 부피 ⇨ 벌크

487 ① ② ③

탄알이~
불낼 듯이 총구에서 나갔어.

☺ 탄알 ⇨ 불리트

488 ① ② ③

약자를 **괴롭히는 사람**은?
불이 나도록 맞아야 해.

☺ 괴롭히는 사람 ⇨ 불리

489 ① ② ③

차가 **부딪칠** 때 충격을 흡수하도록
만든 부분을?
그걸 **범퍼**라고 하지.

☺ 부딪치다 ⇨ 범프

490 ① ② ③

자동차 앞뒤의 **완충부**를 뭐라고 해?
범퍼라고 해.

☺ 완충부 ⇨ 범펄

491 ① ② ③

선물 **꾸러미**가~
번들거리네.

☺ 꾸러미 ⇨ 번들

492 ① ② ③

발렌 타인 데이에 **부담**되는 애인 선물은?
여자친구가 백화점에서 **봐둔** 구두.

☺ 짐, 부담 ⇨ 벌-든

481 거품	482 싹	483 친구
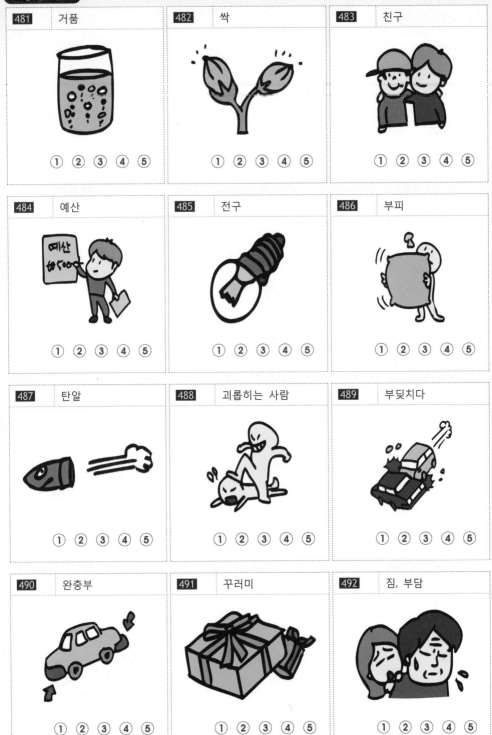		
① ② ③ ④ ⑤	① ② ③ ④ ⑤	① ② ③ ④ ⑤

484 예산	485 전구	486 부피
① ② ③ ④ ⑤	① ② ③ ④ ⑤	① ② ③ ④ ⑤

487 탄알	488 괴롭히는 사람	489 부딪치다
① ② ③ ④ ⑤	① ② ③ ④ ⑤	① ② ③ ④ ⑤

490 완충부	491 꾸러미	492 짐, 부담
① ② ③ ④ ⑤	① ② ③ ④ ⑤	① ② ③ ④ ⑤

481	**bubble** [bʌ́bəl]	① ② ③ ④		거품, 기포	① ② ③ ④
482	**bud** [bʌd]	① ② ③ ④		싹, 봉오리	① ② ③ ④
483	**buddy** [bʌ́di]	① ② ③ ④		친구, 동료	① ② ③ ④
484	**budget** [bʌ́dʒit]	① ② ③ ④		예산(을 세우다)	① ② ③ ④
485	**bulb** [bʌlb]	① ② ③ ④		전구, 구근	① ② ③ ④
486	**bulk** [bʌlk]	① ② ③ ④		부피, 대부분	① ② ③ ④
487	**bullet** [búlit]	① ② ③ ④		탄알	① ② ③ ④
488	**bully** [búli]	① ② ③ ④		(약자를)괴롭히는 사람, 괴롭히다	① ② ③ ④
489	**bump** [bʌmp]	① ② ③ ④		부딪치다, 충돌, 혹	① ② ③ ④
490	**bumper** [bʌ́mpər]	① ② ③ ④		(자동차 앞뒤의)완충부, 범퍼, 초만원	① ② ③ ④
491	**bundle** [bʌ́ndl]	① ② ③ ④		꾸러미, 다발, 보따리	① ② ③ ④
492	**burden** [bə́:rdn]	① ② ③ ④		짐, 부담	① ② ③ ④

✓ STEP 1

493 ① ② ③

절도범은?
벽으로 이동했어.
☺ 절도범 ⇨ 버-글러

494 ① ② ③

매장지를 넓게 하여~
고인을 배려를 했어.
☺ 매장 ⇨ 베리얼

495 ① ② ③

왜 갑자기 **트림해?**
벌이 몸 푸는 소리에 너무 놀라서...
☺ 트림하다 ⇨ 벌-프

496 ① ② ③

버스가 **파열**한 원인은?
버스 안 손님이 트림을 해서.
☺ 파열하다 ⇨ 벌-스트

497 ① ② ③

개가 뼈다귀를 **묻은** 곳은?
벨이 울리는 성당 정원.
☺ 묻다 ⇨ 벨리

498 ① ② ③

수풀 속에서?
부시럭 소리가 나네.
☺ 수풀 ⇨ 부쉬

499 ① ② ③

왜 **바삐 움직여?**
버스를 타려고.
☺ 바삐 움직이다 ⇨ 버슬

500 ① ② ③

왜 수업 밖에 **와글와글** 떠들고
소란이지?
버즈(가수)가 캠퍼스에 나타났대.
☺ 와글거리다 ⇨ 버즈

501 ① ② ③

지나간 일과~
바이(bye)하고 건투를 빌었어.
☺ 지나간 ⇨ 바이건

502 ① ② ③

새 **오두막**집은 어때?
개집처럼 텅 빈 집이라 매우 심심해.
☺ 오두막 ⇨ 캐빈

503 ① ② ③

케이블 방송국에 어떻게 가?
케이블카를 타고 가면 돼.
☺ 케이블 ⇨ 케이벌

504 ① ② ③

새장에 새가 얼마나 있어?
꽤 있지.
☺ 새장 ⇨ 케이쥐

493	절도범	① ② ③ ④ ⑤
494	매장	① ② ③ ④ ⑤
495	트림하다	① ② ③ ④ ⑤
496	파열하다	① ② ③ ④ ⑤
497	묻다	① ② ③ ④ ⑤
498	수풀	① ② ③ ④ ⑤
499	바삐 움직이다	① ② ③ ④ ⑤
500	와글거리다	① ② ③ ④ ⑤
501	지나간	① ② ③ ④ ⑤
502	오두막	① ② ③ ④ ⑤
503	케이블	① ② ③ ④ ⑤
504	새장	① ② ③ ④ ⑤

493	**burglar** [bə́ːrɡləər]	① ② ③ ④		절도범, 강도, 빈집털이범	① ② ③ ④
494	**burial** [bériəl]	① ② ③ ④		매장, 매장식, 장지/봉분/매장지, 매장의	① ② ③ ④
495	**burp** [bəːrp]	① ② ③ ④		트림하다	① ② ③ ④
496	**burst** [bəːrst]	① ② ③ ④		파열하다, 터지다, 터뜨리다, 한바탕~을 함, 파열	① ② ③ ④
497	**bury** [béri]	① ② ③ ④		묻다(덮다), 매장하다	① ② ③ ④
498	**bush** [buʃ]	① ② ③ ④		수풀, 관목	① ② ③ ④
499	**bustle** [bʌsl]	① ② ③ ④		바삐 움직이다, 부산함, 북적거림	① ② ③ ④
500	**buzz** [bʌz]	① ② ③ ④		윙윙거리다, 와글거리다, 소란 떨다, 윙윙거림	① ② ③ ④
501	**bygone** [báiɡɔːn]	① ② ③ ④		지나간, 과거의	① ② ③ ④
502	**cabin** [kǽbin]	① ② ③ ④		오두막, 선실, 객실	① ② ③ ④
503	**cable** [kéibəl]	① ② ③ ④		케이블, 굵은 밧줄, 닻줄	① ② ③ ④
504	**cage** [keidʒ]	① ② ③ ④		새장, 우리, 옥사	① ② ③ ④

497 장례식 : funeral ['fjuːnərəl]

✓ STEP 1

505 ① ② ③

재난인 번개를 맞아서?
걸레처럼 멋이 없던 **티**가 타버렸어.
☺ 재난 ⇨ 컬래머티

506 ① ② ③

친구사이에 돈 **계산하는** 것은?
작은 돈이라도 좀 껄끄럽네.
☺ 계산하다 ⇨ 캘큘레이트

507 ① ② ③

미적분을 이용해 만들 수 있는 것은?
캘린더의 **컬러** 스타일.
☺ 미적분 ⇨ 캘큘러스

508 ① ② ③

서예는 마치~
칼이 **그래픽**하는 것 같아.
☺ 서예 ⇨ 컬리그러피

509 ① ② ③

고요하고~
캄캄한 밤.
☺ 고요한 ⇨ 카-암

510 ① ② ③

넌 이번 선거 때 어떤 **운동**을 하고 싶어?
대학 캠퍼스의 폐인들을 없애자는 운동.
☺ (사회, 정치적)운동 ⇨ 캠페인

511 ① ② ③

캠프장으로~
캠프도 가고 부러운데?

☺ 캠프장 ⇨ 캠(프)그라운드

512 ① ② ③

운하에 걸린 배를~
꺼낼까?

☺ 운하 ⇨ 커낼

513 ① ② ③

면허가 왜 **취소**됐니?
캔에 든 술을 마시고 운전하다가
경찰한테 걸렸지.
☺ 취소 ⇨ 캔슬

514 ① ② ③

암에 좋은 약이
캔으로도 나오지만 **써.**

☺ 암 ⇨ 캔설

515 ① ② ③

정직한 슈퍼 주인은 노인들에게
캔디도 나눠주었어.

☺ 정직한 ⇨ 캔디드

516 ① ② ③

무도회에 같이 갈 남자 **후보자**는
정했니?
캔디를 먹으며 **데이트** 상대를 정했어.
☺ 후보자 ⇨ 캔디데이트

505 재난	506 계산하다	507 미적분

① ② ③ ④ ⑤   ① ② ③ ④ ⑤   ① ② ③ ④ ⑤

508 서예	509 고요한	510 (사회, 정치적)운동

① ② ③ ④ ⑤   ① ② ③ ④ ⑤   ① ② ③ ④ ⑤

511 캠프장	512 운하	513 취소

① ② ③ ④ ⑤   ① ② ③ ④ ⑤   ① ② ③ ④ ⑤

514 암	515 정직한	516 후보자

① ② ③ ④ ⑤   ① ② ③ ④ ⑤   ① ② ③ ④ ⑤

505	calamity [kəlǽməti]	① ② ③ ④		재난, 재앙, 참화	① ② ③ ④
506	calculate [kǽlkjuleit]	① ② ③ ④		계산하다, 생각하다	① ② ③ ④
507	calculus [kǽlkjələs]	① ② ③ ④		미적분	① ② ③ ④
508	calligraphy [kəlígrəfi]	① ② ③ ④		서예	① ② ③ ④
509	calm [kɑ:m]	① ② ③ ④		고요(한), 평온한, 진정시키다	① ② ③ ④
510	campaign [kæmpéin]	① ② ③ ④		(사회, 정치적 목적의)운동, 캠페인, 캠페인을 하다	① ② ③ ④
511	campground [kǽmpgràund]	① ② ③ ④		캠프장, 야영지	① ② ③ ④
512	canal [kənǽl]	① ② ③ ④		운하, 수로	① ② ③ ④
513	cancel [kǽnsl]	① ② ③ ④		취소, 취소하다	① ② ③ ④
514	cancer [kǽnsər]	① ② ③ ④		암, 사회악	① ② ③ ④
515	candid [kǽndid]	① ② ③ ④		정직한, 솔직한	① ② ③ ④
516	candidate [kǽndidèit]	① ② ③ ④		후보지, 지원자	① ② ③ ④

✓ STEP 1

517 ① ② ③

저 **대포** 찍을 카메라 갖고 왔니?
캐논 카메라를 갖고 왔어.
☺ 대포 ⇨ 캐넌

518 ① ② ③

그가 사교 **능력**이 뛰어나다며?
골키퍼에게 빌려 입은 티를 봐, 대단해.
☺ 능력 ⇨ 케이퍼빌러티

519 ① ② ③

슈퍼맨은 뭘 **할 수 있어?**
허리케인 퍼 붓는 비와 강풍도 막을 수 있어.
☺ 할 수 있는 ⇨ 케이퍼블

520 ① ② ③

이 카페 **수용력**이 어떻게 돼?
커피랑 써티원 아이스크림도 들여놓을
예정이야.
☺ 수용력 ⇨ 커페서티

521 ① ② ③

수도에선 누가 캡이야?
그가 **캡**이야! 털 많은 사람이야.
☺ 수도 ⇨ 캐피털

522 ① ② ③

한국의 **변덕스러운** 날씨에 지쳐서
여행을 갈 거야~
카프리 섬에 가도 그럴 거야.
☺ 변덕스러운 ⇨ 커프리셔스

523 ① ② ③

뒤집힌 배 사이즈는?
캡 큰 사이즈라서 사람들이 많이
다쳤어.
☺ 뒤집히다 ⇨ 캡사이즈

524 ① ② ③

캡슐 호텔은 어떤 호텔이야?
캡슐처럼 생긴 1인 호텔이야.
☺ 캡슐 ⇨ 캡시울

525 ① ② ③

해충의 **넋을 빼앗아** 버리려면?
컴배트로 티 안 나게
베이트(bait=미끼)로 하면 돼.
☺ 넋을 빼앗다 ⇨ 캡티베이트

526 ① ② ③

아이들이 **사로잡힌** 것은?
여전히 꽤 TV만 보고 있어.
☺ 사로잡힌 ⇨ 캡티브

527 ① ② ③

야구에서 피처(pitcher)의 공을 **붙잡는** 선수는?
캐처.
☺ 붙잡음 ⇨ 캡철

528 ① ② ③

탄수화물 덩어리인 케이크를 자른?
칼을 보아 하니 더러운데.
☺ 탄수화물 ⇨ 칼보-하이드레이트

517 대포	518 능력	519 할 수 있는

① ② ③ ④ ⑤	① ② ③ ④ ⑤	① ② ③ ④ ⑤

520 수용력	521 수도	522 변덕스러운

① ② ③ ④ ⑤	① ② ③ ④ ⑤	① ② ③ ④ ⑤

523 뒤집히다	524 캡슐	525 넋을 빼앗다

① ② ③ ④ ⑤	① ② ③ ④ ⑤	① ② ③ ④ ⑤

526 사로잡힌	527 붙잡음	528 탄수화물

① ② ③ ④ ⑤	① ② ③ ④ ⑤	① ② ③ ④ ⑤

517	cannon [kǽnən]	① ② ③ ④		대포	① ② ③ ④
518	capability [kèipəbíləti]	① ② ③ ④		능력, 역량	① ② ③ ④
519	capable [kéipəbl]	① ② ③ ④		유능한, ~을 할 수 있는	① ② ③ ④
520	capacity [kəpǽsəti]	① ② ③ ④		용량, 수용력, 능력	① ② ③ ④
521	capital [kǽpitəl]	① ② ③ ④		수도, 자본, 대문자, 주요한, 자본의	① ② ③ ④
522	capricious [kəprí:ʃəs]	① ② ③ ④		변덕스러운, 잘 변하는	① ② ③ ④
523	capsize [kǽpsaiz]	① ② ③ ④		(배가)뒤집히다, 뒤집다, 전복되다(시키다)	① ② ③ ④
524	capsule [kǽpsju:l]	① ② ③ ④		(약품)캡슐, (우주선)캡슐	① ② ③ ④
525	captivate [kǽptiveit]	① ② ③ ④		넋을 빼앗다, ~의 마음을 사로잡다, 매혹하다	① ② ③ ④
526	captive [kǽptiv]	① ② ③ ④		포로(의), 사로잡힌	① ② ③ ④
527	capture [kǽptʃər]	① ② ③ ④		포로로 붙잡다, 포착하다, 붙잡음, 점령	① ② ③ ④
528	carbohydrate [kà:rbouháidreit]	① ② ③ ④		탄수화물	① ② ③ ④

520 베스킨라빈스를 써티원이라고 하는 이유는? 아이스크림 종류가 31(thirty one)가지라서 이름을 그렇게 붙였습니다.
522 Capri 카프리 섬 (이탈리아 나폴리 만의 명승지)   527 캐쳐 (야구) a catcher : 야구의 포수

✓ STEP 1

529 ① ② ③

이산화탄소 가스통을 메고 온 그 남자는?
칼보고, 다이아를 본 다음 사이드로
도망갔어.
☺ 이산화탄소 ⇨
칼-본다이아사이드

530 ① ② ③

걱정 때문에 밤늦게 까지 뭐했어?
깨어 있었어.

☺ 걱정 ⇨ 케얼

531 ① ② ③

힘든 **직업**은 사람들이 어때?
꺼리어(꺼려 해).

☺ 직업 ⇨ 커리얼

532 ① ② ③

태평한 심마니가~
산삼을 **캐어** 뿌리까지 얻었어.
☺ 태평한 ⇨ 케얼프리

533 ① ② ③

그녀는 요즘 **애무**를 피한다며?
응, 내가 안아주려고 해도 **꺼렸어**.
☺ 애무 ⇨ 커레스

534 ① ② ③

풍자만화는 그리는 틀을~
깨니 얼굴이 커져 보여.
☺ 풍자만화 ⇨ 캐리커철

535 ① ② ③

식용 닭을 **육식동물**에게 줬다며?
응, 그 칸에 **너보고**(넣어보고) 얼마나
먹는지 궁금해서.
☺ 육식동물 ⇨ 카-너보얼

536 ① ② ③

운반할 짐이 얼마나 있어?
꽤 있지.
☺ 마차, 운반 ⇨ 캐리쥐

537 ① ② ③

손수레를 안 가져 왔어?
저기 **카트**가 있네.
☺ 손수레 ⇨ 카알트

538 ① ② ③

시사만화 좀 봐야겠어.
카툰 채널은 몇 번이야?
☺ 시사만화 ⇨ 칼튜운

539 ① ② ③

돌에 하트모양 어떻게 **조각**할거야?
칼 부리며 모양을 새길 거야.
☺ 조각하다 ⇨ 칼-브

540 ① ② ③

환자~
k씨의 경우 빨리 회복될 겁니다.
☺ 환자 ⇨ 케이스

529 이산화탄소	530 걱정	531 직업
① ② ③ ④ ⑤	① ② ③ ④ ⑤	① ② ③ ④ ⑤
532 태평한	533 애무	534 풍자만화
① ② ③ ④ ⑤	① ② ③ ④ ⑤	① ② ③ ④ ⑤
535 육식동물	536 마차, 운반	537 손수레
① ② ③ ④ ⑤	① ② ③ ④ ⑤	① ② ③ ④ ⑤
538 시사만화	539 조각하다	540 환자
① ② ③ ④ ⑤	① ② ③ ④ ⑤	① ② ③ ④ ⑤

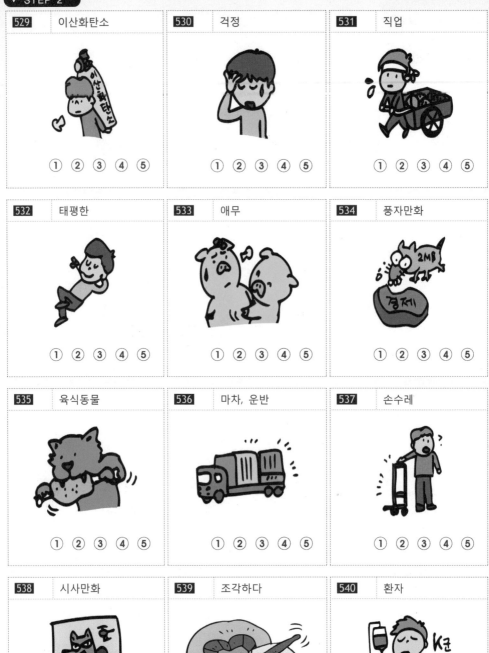

529	carbon dioxide [kɑ̀:rbondaiɑ́ksaid]	① ② ③ ④		이산화탄소	① ② ③ ④
530	care [kɛər]	① ② ③ ④		걱정, 주의, 관심	① ② ③ ④
531	career [kəríər]	① ② ③ ④		직업, 경력, 생애, 직업적인	① ② ③ ④
532	carefree [kɛ́ərfrìː]	① ② ③ ④		근심 없는, 태평한	① ② ③ ④
533	caress [kərés]	① ② ③ ④		애무(하다)	① ② ③ ④
534	caricature [kǽrikətʃər]	① ② ③ ④		풍자만화, 희화	① ② ③ ④
535	carnivore [kɑ́:rnəvɔ̀:r]	① ② ③ ④		육식동물	① ② ③ ④
536	carriage [kǽridʒ]	① ② ③ ④		마차, (기차의)객차, 운반, 운반비	① ② ③ ④
537	cart [kɑ:rt]	① ② ③ ④		손수레(로 나르다), 2륜 짐마차	① ② ③ ④
538	cartoon [kɑ:rtú:n]	① ② ③ ④		시사만화, 풍자화, 만화영화	① ② ③ ④
539	carve [kɑ:rv]	① ② ③ ④		조각하다, 새기다, 파다	① ② ③ ④
540	case [keis]	① ② ③ ④		경우, 사정, 사건, 사례, 병증(disease); 환자	① ② ③ ④

145

✓ STEP 1

541 ① ② ③

현금으로 계산하실 거죠?
네, 캐쉬로 할게요.
☺ 현금 ⇨ 캐쉬

542 ① ② ③

배역이 맘에 드세요?
캐스팅에 만족해요.
☺ 배역 ⇨ 캐스트

543 ① ② ③

성 주변에 나있는 나물을~
캐어 슬쩍 가져왔어.
☺ 성 ⇨ 캐슬

544 ① ② ③

우연히 옛 애인을 만났다며?
응, 캐주얼한 복장을 하고 있었어.
☺ 우연한 ⇨ 캐쥬얼

545 ① ② ③

사상자를 위해 정부가 뭘 해줬지?
무덤을 캐주었대, 그것도 티 나게.
☺ 사상자 ⇨ 캐쥬얼티

546 ① ② ③

전쟁에 쓰일 새로운 **기폭제**의 재료가 뭐래?
개털이야, 리스트도 작성해야해.
☺ 기폭제 ⇨ 캐털리스트

547 ① ② ③

재해가 일어나서?
사람들 곁에 수두룩하게 피가 뿌려져
있었어.
☺ 재해 ⇨ 커태스트러피

548 ① ② ③

지렁이를 **잡으려고** 뭘 했지?
삽으로 땅을 캤지.
☺ 잡다 ⇨ 캐취

549 ① ② ③

혼자 살 물건만 **분류하고**, 나머지는?
같이 골라야지.
☺ 분류하다 ⇨ 캐티거라이즈

550 ① ② ③

모충은 개털에 많지?
응, 그래서 개털 피러 미용실에 갔어.
☺ 모충 ⇨ 캐터필러

551 ① ② ③

어떤 분들이 **대성당**에 들어갔니?
커다란 띠를 두른 집사님들.
☺ 대성당 ⇨ 커씨-드럴

552 ① ② ③

코가 빨개진 **이유**가 뭐야?
코 높이려고 빨래집게를 코에 꽂은 것
때문에 그래.
☺ 이유 ⇨ 코-즈

541 현금	542 배역	543 성

 ① ② ③ ④ ⑤

 ① ② ③ ④ ⑤

 ① ② ③ ④ ⑤

544 우연한	545 사상자	546 기폭제

 ① ② ③ ④ ⑤

 ① ② ③ ④ ⑤

 ① ② ③ ④ ⑤

547 재해	548 잡다	549 분류하다

 ① ② ③ ④ ⑤

 ① ② ③ ④ ⑤

 ① ② ③ ④ ⑤

550 모충	551 대성당	552 이유

 ① ② ③ ④ ⑤

 ① ② ③ ④ ⑤

 ① ② ③ ④ ⑤

		①	②			①	②
541	**cash** [kæʃ]	③	④		현금, 현금으로 바꾸다	③	④
542	**cast** [kæst]	①	②		(시선, 미소 등을)던지다, 배역을 정하다, 출연자들, 배역, 거푸집	①	②
		③	④			③	④
543	**castle** [kǽsl,ká:sl]	①	②		성, 대저택	①	②
		③	④			③	④
544	**casual** [kǽʒuəl]	①	②		우연한, 건성의, 임시의, 평상복의	①	②
		③	④			③	④
545	**casualty** [kǽʒuəlti]	①	②		사상자, 피해자, 응급실	①	②
		③	④			③	④
546	**catalyst** [kǽtəlist]	①	②		촉매, 기폭제	①	②
		③	④			③	④
547	**catastrophe** [kətǽstrəfi]	①	②		재해, 파국, 대이변	①	②
		③	④			③	④
548	**catch** [kætʃ]	①	②		(붙)잡다, 병에 걸리다, 잡기	①	②
		③	④			③	④
549	**categorize** [kǽtigəràiz]	①	②		분류하다	①	②
		③	④			③	④
550	**caterpillar** [kǽtərpìlər]	①	②		모충, 무한궤도(차). ; 욕심쟁이, 착취자.	①	②
		③	④			③	④
551	**cathedral** [kəθí:drəl]	①	②		대성당(의)	①	②
		③	④			③	④
552	**cause** [kɔ:z]	①	②		원인, 이유, ~ 을 일으키다, ~ 하게하다	①	②
		③	④			③	④

✓ STEP 1

553 ① ② ③

조심해야 하는 것은?
남자가 돈으로 **꼬시는** 것.
☺ 조심 ⇨ 코-션

554 ① ② ③

아버지는 바람을 **조심하며**~
촛불을 켜셨어.
☺ 조심하는 ⇨ 코-셔스

555 ① ② ③

공원 바닥에 **구멍**이 왜 났어?
보물이 숨겨져 있다고 **캐버리**라 해서.
☺ 구멍 ⇨ 캐버티

556 ① ② ③

하던 일을 **멈추고** 손을~
씻으세요.
☺ 멈추다 ⇨ 시-스

557 ① ② ③

휴전을 선언한 두 파중 한 파의
대장이?
"이쪽은 손 **씻은 파여**" 라고 말했다.
☺ 휴전 ⇨ 시-즈파이얼

558 ① ② ③

천장을 보고 누워서 언니랑 나랑?
실랑이를 벌였어.
☺ 천장 ⇨ 실-링

559 ① ② ③

독특한 생일 **축하**는 어떻게 해줘?
친구를 **쎄려버리**려나 봐.
☺ 축하하다 ⇨ 셀러브레이트

560 ① ② ③

좋아하는 사람에게 **축하**를 받으니
설레어버렸어.
☺ 축하 ⇨ 셀러브레이션

561 ① ② ③

유명 인사를 만나니까
설레버리디(설레여 버리지)?
☺ 유명인사 ⇨ 설레브러티

562 ① ② ③

하늘의 천사는 땅에 내려오는 게?
설레서 뛰어 내렸어.
☺ 하늘의 ⇨ 설레시얼

563 ① ② ③

우리 몸 **세포**의 수는?
셀 수 없을 만큼 많아요.
☺ 세포 ⇨ 셀

564 ① ② ③

요즘 **휴대전화**의 종류는?
셀 수 없이 많아 **폰**을 고르기 쉽지
않아.
☺ 휴대 전화 ⇨ 셀폰

553 조심	554 조심하는	555 구멍

① ② ③ ④ ⑤	① ② ③ ④ ⑤	① ② ③ ④ ⑤

556 멈추다	557 휴전	558 천장

① ② ③ ④ ⑤	① ② ③ ④ ⑤	① ② ③ ④ ⑤

559 축하하다	560 축하	561 유명인사

① ② ③ ④ ⑤	① ② ③ ④ ⑤	① ② ③ ④ ⑤

562 하늘의	563 세포	564 휴대 전화

① ② ③ ④ ⑤	① ② ③ ④ ⑤	① ② ③ ④ ⑤

553	caution [kɔ́:ʃən]	① ② ③ ④		조심, 경고	① ② ③ ④
554	cautious [kɔ́:ʃəs]	① ② ③ ④		조심하는	① ② ③ ④
555	cavity [kǽvəti]	① ② ③ ④		구멍, 충치 구멍	① ② ③ ④
556	cease [si:s]	① ② ③ ④		멈추다, 중단하다, 종지, 중지	① ② ③ ④
557	cease-fire [sí:sfáiər]	① ② ③ ④		휴전(정전), 협정	① ② ③ ④
558	ceiling [sí:liŋ]	① ② ③ ④		천장, 상한, 한계	① ② ③ ④
559	celebrate [seləbréit]	① ② ③ ④		축하하다, 거행하다	① ② ③ ④
560	celebration [sèləbréiʃən]	① ② ③ ④		축하, 칭찬	① ② ③ ④
561	celebrity [səlébrəti]	① ② ③ ④		유명 인사, 연예인, 명성	① ② ③ ④
562	celestial [səléstʃəl]	① ② ③ ④		하늘의, 천상의	① ② ③ ④
563	cell [sel]	① ② ③ ④		세포	① ② ③ ④
564	cell phone [selfoun]	① ② ③ ④		휴대 전화	① ② ③ ④

151

✓ STEP 1

565 ① ② ③

어떤 나라의 **묘지**는?
시멘트로 만들어.
☺ 묘지 ⇨ 세머트리

566 ① ② ③

검열은?
센서로 쉽게 할 수 있어.
☺ 검열 ⇨ 센설쉽

567 ① ② ③

비난하는 이유는?
고양이에게 생선을 맡겼다고.
☺ 비난하다 ⇨ 센설

568 ① ② ③

섭씨온도가 올라 더워
A/S센터에 가서 에어컨을 업그레이드
시켜.
☺ 섭씨의 ⇨ 센터그레이드

569 ① ② ③

100년도 더 쓰는 튼튼한 에어컨이
개발되었다며?
이효리가 선전하는 센츄리 에어컨이래.
☺ 100년 ⇨ 센츄리

570 ① ② ③

도자기를 뭐라고 해?
세라믹제품이라고 해.
☺ 도자기 ⇨ 서래믹

571 ① ② ③

우리나라 **의식** 중 중요한 게 뭐가
있지?
설 쇠러 가족이 한 집에 모이는 거.
☺ 의식 ⇨ 세러모우니

572 ① ② ③

한석봉 엄마가 아들의 명필을
확신하는 순간은?
떡 썰던 중에 알게 됐지.
☺ 확신하는 ⇨ 설-턴

573 ① ② ③

증명서 발급하면서 왜 화 났니?
뒷사람이 "어서 띠고(떼고/발급받고)
비켜"라고 해서.
☺ 증명서 ⇨ 설티피킬

574 ① ② ③

뭘 **증명했어**?
사과를 서리해서 파이를 만들었다는 것을.
☺ 증명하다 ⇨ 설-티파이

575 ① ② ③

찌꺼기는?
채로 푸면(퍼면) 돼.
☺ 찌꺼기 ⇨ 채프

576 ① ② ③

지금 **도전**하면?
채일지도 몰라.
☺ 도전 ⇨ 챌린쥐

565 묘지	566 검열	567 비난하다

| ① ② ③ ④ ⑤ | ① ② ③ ④ ⑤ | ① ② ③ ④ ⑤ |

568 섭씨의	569 100년	570 도자기

| ① ② ③ ④ ⑤ | ① ② ③ ④ ⑤ | ① ② ③ ④ ⑤ |

571 의식	572 확신하는	573 증명서

| ① ② ③ ④ ⑤ | ① ② ③ ④ ⑤ | ① ② ③ ④ ⑤ |

574 증명하다	575 찌꺼기	576 도전

| ① ② ③ ④ ⑤ | ① ② ③ ④ ⑤ | ① ② ③ ④ ⑤ |

		①	②			①	②
565	**cemetery** [sémətèri/-tri]	③	④		(공동)묘지	③	④
566	**censorship** [sénsərʃip]	①	②		검열	①	②
		③	④			③	④
567	**censure** [sénʃər]	①	②		비난하다, 비난, 책망	①	②
		③	④			③	④
568	**centigrade** [séntəgrèid]	①	②		섭씨의	①	②
		③	④			③	④
569	**century** [séntʃuri]	①	②		1세기, 100년	①	②
		③	④			③	④
570	**ceramic** [səræmik]	①	②		세라믹(의), 도자기, 요업 제품(의), 도기(陶器)(의)	①	②
		③	④			③	④
571	**ceremony** [sérəmóuni]	①	②		의식, 격식, 형식	①	②
		③	④			③	④
572	**certain** [sə́:rtən]	①	②		확실한, 확신하는, 어떤	①	②
		③	④			③	④
573	**certificate** [sərtífikət]	①	②		증명서, 면허, 수료증, 증명하다	①	②
		③	④			③	④
574	**certify** [sə́:rtəfài]	①	②		증명하다, 공인하다	①	②
		③	④			③	④
575	**chaff** [tʃæf]	①	②		왕겨, 찌꺼기	①	②
		③	④			③	④
576	**challenge** [tʃælindʒ]	①	②		도전, 해볼 만한 일	①	②
		③	④			③	④

✓ STEP 1

577 ① ② ③

회관에서?
초췌한 얼굴을 한 임원들이 버티기
힘들다는 표정을 지었어.
☺ 회관 ⇨ 체임벌

578 ① ② ③

그녀가 **변했다며?**
응. 내가 채인지(채인 것) 나중에야
알았어.
☺ 변하다 ⇨ 체인쥐

579 ① ② ③

수로로 지나가는 배를 보려면?
TV 채널을 돌려봐.
☺ 수로 ⇨ 채늘

580 ① ② ③

이제는 뭐 **부를** 시간이에요?
챈트를 부를 시간이야.
☺ (노래) 부르다 ⇨ 챈트

581 ① ② ③

혼란 상태에서?
깨었어(깨어났어).
☺ 혼란 상태 ⇨ 케이아스

582 ① ② ③

어떤 **장**을 펼까?
챕터 1을 펴
☺ 장 ⇨ 챕털

583 ① ② ③

특색 있는 새로운 캐릭터는?
배트맨 캐릭터가 립스틱을 바르는 거.
☺ 특유한 ⇨ 캐릭터리스틱

584 ① ② ③

특색을 이루게 한 것은?
고정관념을 깨니 더 나아져.
☺ 특색을 이루다 ⇨ 캐릭터라이즈

585 ① ② ③

숯을 담은
수레차를 콜했어.
☺ 숯 ⇨ 차-코올

586 ① ② ③

뭘 **청구하려** 오셨나요?
불법으로 차지한 땅을 사용한 대가요.
☺ 청구하다 ⇨ 차알쥐

587 ① ② ③

자선하는 사람들이?
거지에게 상을 채려주고 티(tea)를
대접했어.
☺ 자선 ⇨ 채러티

588 ① ② ③

사람들을 **매혹시킨** 것은?
참 예쁜 얼굴.
☺ 매혹시키다 ⇨ 챠-암

577 회관	578 변하다	579 수로

① ② ③ ④ ⑤	① ② ③ ④ ⑤	① ② ③ ④ ⑤
580 (노래) 부르다	581 혼란 상태	582 장
① ② ③ ④ ⑤	① ② ③ ④ ⑤	① ② ③ ④ ⑤
583 특유한	584 특색을 이루다	585 숯
① ② ③ ④ ⑤	① ② ③ ④ ⑤	① ② ③ ④ ⑤
586 청구하다	587 자선	588 매혹시키다
① ② ③ ④ ⑤	① ② ③ ④ ⑤	① ② ③ ④ ⑤

577	**chamber** [tʃéimbər]	① ② ③ ④		방, 회관, 회의소, 의회	① ② ③ ④
578	**change** [tʃeindʒ]	① ② ③ ④		바꾸다, 변하다, 잔돈	① ② ③ ④
579	**channel** [tʃǽnl]	① ② ③ ④		해협, 수로, 채널	① ② ③ ④
580	**chant** [tʃænt,tʃɑ:nt]	① ② ③ ④		(노래를)부르다, 노래, 멜로디	① ② ③ ④
581	**chaos** [kéias]	① ② ③ ④		혼돈, 혼란 상태	① ② ③ ④
582	**chapter** [tʃǽptər]	① ② ③ ④		(책의)장, 에피소드, 지부	① ② ③ ④
583	**characteristic** [kærɪktərístik]	① ② ③ ④		특색의, 특유한, 독자적인	① ② ③ ④
584	**characterize** [kærɪktəràiz]	① ② ③ ④		특색을 이루다	① ② ③ ④
585	**charcoal** [tʃɑ́:rkòul]	① ② ③ ④		숯, 목탄	① ② ③ ④
586	**charge** [tʃɑ:rdʒ]	① ② ③ ④		짐을 싣다, 청구하다, 고소하다, 충전하다	① ② ③ ④
587	**charity** [tʃǽrəti]	① ② ③ ④		자선, 자비	① ② ③ ④
588	**charm** [tʃa:rm]	① ② ③ ④		매혹시키다, 매력, 마법, 부적	① ② ③ ④

✓ STEP 1

589 ① ② ③

잠자리를 **뒤쫓으려고?**
응, 나한테는 잠자리 채 있으니까.
☺ 뒤쫓다 ⇨ 체이스

590 ① ② ③

잡담 좀 그만해.
쳇, 알았어.
☺ 잡담 ⇨ 채트

591 ① ② ③

재잘거리는 소리 좀 죽여라?
'쳇 더러워.'
☺ 재잘거리다 ⇨ 채럴

592 ① ② ③

"날 **속이다니!**"
"치잇, 화가 나네."
☺ 속이다 ⇨ 취-트

593 ① ② ③

뭘 **점검**하니?
옷의 체크무늬가 잘 나왔는지.
☺ 점검 ⇨ 체크

594 ① ② ③

체크무늬의 가방에~
책두(도) 들어 있어.
☺ 체크무늬의 ⇨ 첵트

595 ① ② ③

가지각색의 컬러를 가진~
책이 커도 좋아.
☺ 가지각색의 ⇨ 체컬-드

596 ① ② ③

점검해주세요. 금이 갔는지~
재 컵도..
☺ 점검 ⇨ 체컵

597 ① ② ③

뺨을 때리고 어떻게 했어?
칙~스프레이까지 뿌렸어.
☺ 뺨 ⇨ 취-크

598 ① ② ③

사람들이 왜 **환호하지?**
치어걸들이 춤을 추잖아.
☺ 환호하다 ⇨ 치얼

599 ① ② ③

주방장을 뭐라고 해?
쉐프라고 해.
☺ 주방장 ⇨ 셰프

600 ① ② ③

화학실험으로 뭘 했어?
캐냈어 미스터리를 캐냈어.
☺ 화학 ⇨ 케미스트리

589	뒤쫓다
① ② ③ ④ ⑤

590	잡담
① ② ③ ④ ⑤

591	재잘거리다
① ② ③ ④ ⑤

592	속이다
① ② ③ ④ ⑤

593	점검
① ② ③ ④ ⑤

594	체크무늬의
① ② ③ ④ ⑤

595	가지각색의
① ② ③ ④ ⑤

596	점검
① ② ③ ④ ⑤

597	뺨
① ② ③ ④ ⑤

598	환호하다
① ② ③ ④ ⑤

599	주방장
① ② ③ ④ ⑤

600	화학
① ② ③ ④ ⑤

589	chase [tʃéis]	①	②		뒤쫓다, 쫓아내다, 서두르다, 추적, 추구	①	②
		③	④			③	④
590	chat [tʃæt]	①	②		잡담, 이야기(하다)	①	②
		③	④			③	④
591	chatter [tʃǽtər]	①	②		재잘거리다	①	②
		③	④			③	④
592	cheat [tʃi:t]	①	②		속이다, 속여서 빼앗다, 사기꾼	①	②
		③	④			③	④
593	check [tʃek]	①	②		저지, 점검, 수표, 조사하다	①	②
		③	④			③	④
594	checked [tʃekt]	①	②		체크무늬의	①	②
		③	④			③	④
595	checkered [tʃékərḍ]	①	②		가지각색의	①	②
		③	④			③	④
596	checkup [tʃékʌ̀p]	①	②		대조, 검사, 점검, 진단	①	②
		③	④			③	④
597	cheek [tʃi:k]	①	②		뺨, 볼	①	②
		③	④			③	④
598	cheer [tʃíər]	①	②		환호, 격려, 기뻐하다, 환호하다	①	②
		③	④			③	④
599	chef [ʃef]	①	②		주방장, 요리사	①	②
		③	④			③	④
600	chemistry [kémistri]	①	②		화학	①	②
		③	④			③	④

✓ STEP 1

601 ① ② ③

뭘 소중히 하며 물을 주고 있어?
체리 씨를 심었어.
☺ 소중히 하다 ⇨ 체리쉬

602 ① ② ③

금고에 금으로 된~
체스(chess)도 있어.
☺ 금고 ⇨ 체스트

603 ① ② ③

뭘 **씹고 있니?**
츄잉껌.
☺ 씹다 ⇨ 츄-

604 ① ② ③

우두머리는 항상?
지프차를 타고 다녀.
☺ 우두머리 ⇨ 치-프

605 ① ② ③

날씨가 **쌀쌀하게** 느껴지는 이유는?
칠리 소스가 매워서.
☺ 쌀쌀한 ⇨ 칠리

606 ① ② ③

굴뚝에서
침이 떨어지네.
☺ 굴뚝 ⇨ 침니

607 ① ② ③

이 친구가 싸움에서 **턱을**
친 친구야!
☺ 턱 ⇨ 친

608 ① ② ③

감자를 **토막** 내어 튀긴
감자 **칩.**
☺ 토막 ⇨ 칩

609 ① ② ③

기사도를 발휘해서?
쉬(she,그녀)를 위해 돈을 **벌리**라고 다짐했어.
☺ 기사도 ⇨ 쉬벌리

610 ① ② ③

루돌프야, 산타가 **프레온가스** 창고 옆집에 사는
아이에게 어떤 선물을 줬어?
산타클로스는 **로프로 카**(자동차)에 리본을
달아 선물했어.
☺ 프레온가스 ⇨
클로로플루로카-번

611 ① ② ③

왜 **숨이 막혀?**
초를 **꺼**다가 불이 났어.
☺ 숨이 막히다 ⇨ 초우크

612 ① ② ③

쇼핑하며 물건을 **고르다** 힘들어서
축~ 쳐졌졌어.
☺ 고르다 ⇨ 츄-즈

601 소중히 하다	602 금고	603 씹다
① ② ③ ④ ⑤	① ② ③ ④ ⑤	① ② ③ ④ ⑤

604 우두머리	605 쌀쌀한	606 굴뚝
① ② ③ ④ ⑤	① ② ③ ④ ⑤	① ② ③ ④ ⑤

607 턱	608 토막	609 기사도
① ② ③ ④ ⑤	① ② ③ ④ ⑤	① ② ③ ④ ⑤

610 프레온가스	611 숨이 막히다	612 고르다
① ② ③ ④ ⑤	① ② ③ ④ ⑤	① ② ③ ④ ⑤

601	cherish [tʃériʃ]	① ② ③ ④		소중히 하다, 귀여워하다, 마음에 품다	① ② ③ ④
602	chest [tʃest]	① ② ③ ④		큰 상자, (공공 단체의)금고, 가슴	① ② ③ ④
603	chew [tʃuː]	① ② ③ ④		씹다, 씹기	① ② ③ ④
604	chief [tʃiːf]	① ② ③ ④		지도자, 우두머리, 추장	① ② ③ ④
605	chilly [tʃíli]	① ② ③ ④		쌀쌀한, 냉담한	① ② ③ ④
606	chimney [tʃímni]	① ② ③ ④		굴뚝	① ② ③ ④
607	chin [tʃin]	① ② ③ ④		턱, 턱 끝	① ② ③ ④
608	chip [tʃip]	① ② ③ ④		토막, 깨진 조각, 칩	① ② ③ ④
609	chivalry [ʃívəlri]	① ② ③ ④		기사, 기사도	① ② ③ ④
610	chlorofluorocarbon (CFC) [klɔ̀ːroufluərou-káːrbən]	① ② ③ ④		클로로플루오르카본, 프레온가스	① ② ③ ④
611	choke [tʃouk]	① ② ③ ④		질식시키다, 막다, 숨이 막히다	① ② ③ ④
612	choose [tʃuːz]	① ② ③ ④		고르다, 결정하다, 원하다	① ② ③ ④

163

✓ STEP 1

613 ① ② ③

먹기 좋게 **잘게 자른**
찹쌀떡.
☺ 잘게 자르다 ⇨ 챱

614 ① ② ③

현의
코드가 안 맞는 것 같네.
☺ 현 ⇨ 코올드

615 ① ② ③

계모가 신데렐라에게 **허드렛일**을 시키며?
"치워!" 하고 있어.
☺ 허드렛일 ⇨ 쵸-얼

616 ① ② ③

합창단 이름을 뭐로 지었어?
코러스합창단으로 지었어.
☺ 합창 ⇨ 코-러스

617 ① ② ③

비슷한 **염색체**를 가진 사람끼린
끌려 뭐 좀.
☺ 염색체 ⇨ 크로우머조음

618 ① ② ③

만성적으로 기침하는 사람에게~
"계속 그러니?"
☺ 만성의 ⇨ 크라닉

619 ① ② ③

무엇에 관한 **연대기**야?
클리닉에 관한 것이야.
☺ 연대기 ⇨ 크라니클

620 ① ② ③

뭐가 재밌어서 **낄낄 웃니?**
원숭이가 사람을 쳐서 끌고 가는
모습이 너무 웃겨서.
☺ 낄낄 웃다 ⇨ 쳐클

621 ① ② ③

왜 **우회**해서 가?
응, 다른 쪽은 얽히고설킨 도로라서.
☺ 우회 ⇨ 설킬

622 ① ② ③

둥근 모양의 약은?
서큐란.
☺ 둥근 ⇨ 설-큘럴

623 ① ② ③

피를 **순환시키는?**
써큐란을 레이트(늦게)하게 가지고
오면 환자가 위험해.
☺ 순환하다(시키다) ⇨
설-큘레이트

624 ① ② ③

유통되는 이 신문들을~
섞을래? 이 선에서?
☺ 유통 ⇨ 설-큘레이션

164

613 잘게 자르다	614 현	615 허드렛일
① ② ③ ④ ⑤	① ② ③ ④ ⑤	① ② ③ ④ ⑤
616 합창	617 염색체	618 만성의
① ② ③ ④ ⑤	① ② ③ ④ ⑤	① ② ③ ④ ⑤
619 연대기	620 낄낄 웃다	621 우회
① ② ③ ④ ⑤	① ② ③ ④ ⑤	① ② ③ ④ ⑤
622 둥근	623 순환하다(시키다)	624 유통
① ② ③ ④ ⑤	① ② ③ ④ ⑤	① ② ③ ④ ⑤

613	chop [tʃɑp/tʃɔp]	① ② ③ ④		잘게 자르다, 썰다, 삭감하다	① ② ③ ④
614	chord [kɔːrd]	① ② ③ ④		현, 심금, 감정	① ② ③ ④
615	chore [tʃɔːr]	① ② ③ ④		지루한 일, 허드렛일	① ② ③ ④
616	chorus [kɔ́ːrəs]	① ② ③ ④		합창, 제창	① ② ③ ④
617	chromosome [króuməsòum]	① ② ③ ④		염색체	① ② ③ ④
618	chronic [kránik]	① ② ③ ④		만성의, 상습적인	① ② ③ ④
619	chronicle [kránikl]	① ② ③ ④		연대기, 기록, 연대순으로 기록하다	① ② ③ ④
620	chuckle [tʃʌ́kl]	① ② ③ ④		낄낄 웃다, 재미있어 하다	① ② ③ ④
621	circuit [sə́ːrkit]	① ② ③ ④		순회, 우회	① ② ③ ④
622	circular [sə́ːrkjulər]	① ② ③ ④		둥근, 원형의, 순회하는, (주장,학설 등이) 순환적인	① ② ③ ④
623	circulate [sə́ːrkjuléit]	① ② ③ ④		돌(리)다, 순환하다, 순환시키다	① ② ③ ④
624	circulation [sə̀ːrkjəléiʃən]	① ② ③ ④		순환, 유통, 배포, 발행 부수	① ② ③ ④

623 써큐란: 혈액을 잘 돌게 하는 혈액 순환 약품

✓ STEP 1

625 ① ② ③

이 곰은 어디 팔러갈 **처지**야?
서커스단에.
☺ 처지 ⇨ 설-컴스탠스

626 ① ② ③

어떤 글을 **인용**하지?
이 **사이트**에 들어가 봐.
☺ 인용하다 ⇨ 사이트

627 ① ② ③

이번에 **시민권**을 받은 사람은?
뉴욕시티에 사는 **전씨**.
☺ 시민권 ⇨ 시티즌쉽

628 ① ② ③

서울 **시민의** 사람으로 속하는 사람은?
서울시, **빌라**에 사는 사람.
☺ 시민의 ⇨ 시벌

629 ① ② ③

도시 **문명**을 발전시키려면?
도시의 **빌라**를 제이슨이 지으면 돼.
☺ 문명 ⇨ 시벌리제이션

630 ① ② ③

무기를 **요구하**는 저 아이는?
무사로 **클 애**임.
☺ 요구하다 ⇨ 클레임

631 ① ② ③

왕이 백성들의 **아우성**을 듣고?
"그래, **뭘** 원하는가?" 물어봤어.
☺ 아우성 ⇨ 클래멀

632 ① ② ③

박수를 치면서 뭐 해?
큰소리로 **랩**을 해.
☺ 박수를 치다 ⇨ 클랩

633 ① ② ③

분명하게 해 줘~
"그래, **너(네) 파이** 맛있다." 라고.
☺ 분명하게 하다 ⇨ 클래러파이

634 ① ② ③

책상을 끄는데 땅과 **충돌**하면서
소리가 나자
"조용히 **끌래~ 쉬~**잇."
☺ 충돌 ⇨ 클래쉬

635 ① ② ③

수저를 **꽉 쥐**고
그래, **스프** 먹어.
☺ 꽉 쥐다 ⇨ 클래스프

636 ① ② ③

올해 1학년은 몇 **학급**이야?
6(여섯) **클래스**..
☺ 학급 ⇨ 클래스

625 처지	626 인용하다	627 시민권

① ② ③ ④ ⑤

628 시민의	629 문명	630 요구하다

① ② ③ ④ ⑤

631 아우성	632 박수를 치다	633 분명하게 하다

① ② ③ ④ ⑤

634 충돌	635 꽉 쥐다	636 학급

① ② ③ ④ ⑤

625	circumstance [sə́:rkəmstəns]	① ② ③ ④		사정, 상황, 처지, 환경	① ② ③ ④
626	cite [sait]	① ② ③ ④		인용하다	① ② ③ ④
627	citizenship [sítəzənʃip]	① ② ③ ④		시민권	① ② ③ ④
628	civil [sívəl]	① ② ③ ④		시민의, 문명사회의, 정중한	① ② ③ ④
629	civilization [sivilɚzéiʃən]	① ② ③ ④		문명	① ② ③ ④
630	claim [kleim]	① ② ③ ④		요구하다, 주장하다	① ② ③ ④
631	clamor [klǽmɚr]	① ② ③ ④		아우성, 외침 시끄럽게 외치다	① ② ③ ④
632	clap [klæp]	① ② ③ ④		박수를 치다, 손벽을 치다, 찰싹 때리다	① ② ③ ④
633	clarify [klǽrəfài]	① ② ③ ④		분명하게 하다, 해명하다	① ② ③ ④
634	clash [klæʃ]	① ② ③ ④		충돌, 대립, 충돌하다	① ② ③ ④
635	clasp [klæsp,klɑ:sp]	① ② ③ ④		꽉 쥐다(붙잡다), 꽉 쥠, 버클	① ② ③ ④
636	class [klæs,klɑ:s]	① ② ③ ④		학급, 종류, 등급	① ② ③ ④

✓ STEP 1

637 ① ② ③

고전적인 음악을 좋아하니?
응, 특히 클래식 음악이 좋아.

☺ 고전적인 ⇨ 클래식

638 ① ② ③

분류해 보니 크기와 모양이 다르네?
그래서 파이 만드는 걸 더 배우라고
했잖아.

☺ 분류하다 ⇨ 클래서파이

639 ① ② ③

달그락거리며 움직이니까
그래! 내 고막이 터질라한다.

☺ 달그락거리며 움직이다 ⇨
클래털

640 ① ② ③

발톱이 뽑혔어?
응. 클났어!

☺ 발톱 ⇨ 클로-

641 ① ② ③

깨끗한 사람에게~
끌린다.

☺ 깨끗한 ⇨ 클린-

642 ① ② ③

깨끗이 치워놓은 집에~
끌리니?

☺ 깨끗이 ⇨ 클린-리

643 ① ② ③

깨끗해졌네?
큰 렌즈를 닦아서 그래.

☺ 깨끗해지다 ⇨ 클렌즈

644 ① ② ③

명료한 태도로 말하는 사람에게?
끌려~

☺ 명료한 ⇨ 클리얼

645 ① ② ③

마우스 버튼을 누르고
클릭을 해.

☺ 마우스 버튼을 누르다 ⇨ 클릭

646 ① ② ③

의뢰인은?
클 아이를 위해 이혼도 생각했어.

☺ 의뢰인 ⇨ 클라이언트

647 ① ② ③

절벽을 탈 때?
클립(clip)으로 고정하는 거야.

☺ 절벽 ⇨ 클리프

648 ① ② ③

열악한 환경에서?
클 아이들은 미트(고기)를 먹어야 해.

☺ 기후, 환경 ⇨ 클라이미트

637 고전적인	638 분류하다	639 달그락거리며 움직이다

① ② ③ ④ ⑤	① ② ③ ④ ⑤	① ② ③ ④ ⑤

640 발톱	641 깨끗한	642 깨끗이

① ② ③ ④ ⑤	① ② ③ ④ ⑤	① ② ③ ④ ⑤

643 깨끗해지다	644 명료한	645 마우스 버튼을 누르다

① ② ③ ④ ⑤	① ② ③ ④ ⑤	① ② ③ ④ ⑤

646 의뢰인	647 절벽	648 기후, 환경

① ② ③ ④ ⑤	① ② ③ ④ ⑤	① ② ③ ④ ⑤

637	classic [klǽsik]	① ② ③ ④		일류의, 걸작의, 고전적인, 고전, 명작	① ② ③ ④
638	classify [klǽsifai]	① ② ③ ④		분류하다, 유별하다	① ② ③ ④
639	clatter [klǽtər]	① ② ③ ④		달그락거리며 움직이다(가다), 달가닥하는 소리를 내다, 시끄러운 소리	① ② ③ ④
640	claw [klɔ:]	① ② ③ ④		발톱, 집게발	① ② ③ ④
641	clean [kli:n]	① ② ③ ④		완전히, 깨끗한, 결백한	① ② ③ ④
642	cleanly [kli:nli]	① ② ③ ④		깨끗이, 깔끔하게	① ② ③ ④
643	cleanse [klenz]	① ② ③ ④		정결하게 하다, 깨끗해지다	① ② ③ ④
644	clear [kliər]	① ② ③ ④		말끔히 없애다, 맑은, 분명한, 명료한	① ② ③ ④
645	click [klik]	① ② ③ ④		짤까닥 소리 나다, 마우스 버튼을 누르다	① ② ③ ④
646	client [klaiənt]	① ② ③ ④		의뢰인	① ② ③ ④
647	cliff [klif]	① ② ③ ④		낭떠러지, 절벽	① ② ③ ④
648	climate [klǽimit]	① ② ③ ④		기후, 풍토, 환경	① ② ③ ④

✓ STEP 1

649 ① ② ③

연극에서 **절정, 최고조**를 뭐라고 해?
클라이막스라고 해.

☺ 절정, 최고조 ⇨ 클라이맥스

650 ① ② ③

친구가 장비 없이 높은 산에 **올라가는**
것을 보고?
"클나 임마" 라고 했어.

☺ 오르다 ⇨ 클라임

651 ① ② ③

여자의 귀에 **매달린~**
큰 링 귀걸이.

☺ 매달리다 ⇨ 클링

652 ① ② ③

진료소에서 받은 환자복이 길어서 밑이~
끌리니?
☺ 진료소 ⇨ 클리닉

653 ① ② ③

복제한 음반은?
클론의 음반.
☺ 복제 ⇨ 클론

654 ① ② ③

벽장을 만드는데
끌로 마무리 **지으면** 돼.
☺ 벽장 ⇨ 클라짓

655 ① ② ③

옷을 입고 있는 사람은?
장 **클로드** 반담.
☺ 옷 ⇨ 클로우즈

656 ① ② ③

저 **어릿광대**는?
큰 아이에게 맞서서 **운** 적이 있어.
☺ 어릿광대 ⇨ 클라운

657 ① ② ③

실마리를 주지 않으면 이 번호 열쇠는?
끌루기 어려워.
☺ 실마리 ⇨ 클루-

658 ① ② ③

서투르고 몸집만~
큰 놈의 쥐가 음식을 훔치려 하네.

☺ 서투른 ⇨ 클럼지

659 ① ② ③

한 **덩어리** 퍼주세요.
구구크러스트(아이스크림명).

☺ 덩어리 ⇨ 클러스털

660 ① ② ③

골키퍼가 공을 꽉 **움켜잡자**
사람들이~
"그렇지!" 라고 감탄했어.
☺ 움켜잡다 ⇨ 클러취

649 절정, 최고조	650 오르다	651 매달리다
① ② ③ ④ ⑤	① ② ③ ④ ⑤	① ② ③ ④ ⑤

652 진료소	653 복제	654 벽장
① ② ③ ④ ⑤	① ② ③ ④ ⑤	① ② ③ ④ ⑤

655 옷	656 어릿광대	657 실마리
① ② ③ ④ ⑤	① ② ③ ④ ⑤	① ② ③ ④ ⑤

658 서투른	659 덩어리	660 움켜잡다
① ② ③ ④ ⑤	① ② ③ ④ ⑤	① ② ③ ④ ⑤

649	**climax** [kláimæks]	① ② ③ ④		최고조, 절정, 점층법	① ② ③ ④
650	**climb** [klaim]	① ② ③ ④		오르다, 올라가다, 등반하다	① ② ③ ④
651	**cling** [kliŋ]	① ② ③ ④		매달리다, 집착하다	① ② ③ ④
652	**clinic** [klínik]	① ② ③ ④		임상강의, 진료소	① ② ③ ④
653	**clone** [kloun]	① ② ③ ④		복제(생물), 복제하다	① ② ③ ④
654	**closet** [klázit/klɔ́z-]	① ② ③ ④		받침, 벽장, 찬장, 사실의	① ② ③ ④
655	**clothes** [klouðz]	① ② ③ ④		옷, 의복	① ② ③ ④
656	**clown** [klaun]	① ② ③ ④		어릿광대, 익살부리다	① ② ③ ④
657	**clue** [klu:]	① ② ③ ④		단서, 실마리, 계기	① ② ③ ④
658	**clumsy** [klʌ́mzi]	① ② ③ ④		어색한, 서투른, 솜씨 없는	① ② ③ ④
659	**cluster** [klʌ́stər]	① ② ③ ④		송이, 덩어리	① ② ③ ④
660	**clutch** [klʌtʃ]	① ② ③ ④		(꽉)움켜잡다, 붙잡다, 꽉 쥠, 클런치(페달)	① ② ③ ④

655 장 끌로드 반담: 할리우드 액션영화배우

✓ STEP 1

---

661 ① ② ③

석탄 가루 때문에~
코가 울린다.
☺ 석탄 ⇨ 코올

---

662 ① ② ③

야비하게~
코를 쑤셔?
☺ 야비한 ⇨ 콜-스

---

663 ① ② ③

해안에는 산책하기 좋은
코스(course) 트랙이 있어.
☺ 해안 ⇨ 코우스트

---

664 ① ② ③

암호를 주고받으려면?
코드가 맞아야 해.
☺ 암호 ⇨ 코우드

---

665 ① ② ③

남녀공학 체제는?
시골에도 케이스가 종종 있어.
☺ 남녀공학 ⇨ 코우에듀케이션

---

666 ① ② ③

그가 **강요하는** 요리는?
코스 요리.
☺ 강요하다 ⇨ 코우얼-스

---

667 ① ② ③

관에 뭘 넣었니?
꽃 핀걸 꺾어서 넣었어.
☺ 관 ⇨ 코-핀

---

668 ① ② ③

차에 음성 **인식** 시스템 있어?
응, 카(차)에 그녀 태우고 말(음성)로
티비를 켰어.
☺ 인식의 ⇨ 카그너티브

---

669 ① ② ③

일관된 정책에는 사람들이?
고의로 트집 잡지 않아.
☺ 일관된 ⇨ 코우히런트

---

670 ① ② ③

동전을 묶은 줄이
꼬인 거야.
☺ 동전 ⇨ 코인

---

671 ① ② ③

무슨 일이 **동시에 일어났어?**
두 사람이 갑자기 코가 땅에 닿게
인사드렸어.
☺ 동시에 일어나다 ⇨
코우인사이드

---

672 ① ② ③

우연의 일치로 두 집의 방범장치가
꼬일시 돈 털린다.
☺ 우연의 일치로 ⇨
코우인시덴털리

---

661 석탄	662 야비한	663 해안

① ② ③ ④ ⑤　　① ② ③ ④ ⑤　　① ② ③ ④ ⑤

664 암호	665 남녀공학	666 강요하다

① ② ③ ④ ⑤　　① ② ③ ④ ⑤　　① ② ③ ④ ⑤

667 관	668 인식의	669 일관된

① ② ③ ④ ⑤　　① ② ③ ④ ⑤　　① ② ③ ④ ⑤

670 동전	671 동시에 일어나다	672 우연의 일치로

① ② ③ ④ ⑤　　① ② ③ ④ ⑤　　① ② ③ ④ ⑤

661	coal [koul]	①	②		석탄	①	②
		③	④			③	④
662	coarse [kɔ:rs]	①	②		조잡한, 거친, 야비한	①	②
		③	④			③	④
663	coast [koust]	①	②		해안, 연안	①	②
		③	④			③	④
664	code [koud]	①	②		법전, 규칙, 신호법, 암호	①	②
		③	④			③	④
665	coeducation [kòuedʒukéiʃən]	①	②		남녀공학	①	②
		③	④			③	④
666	coerce [kouə́:rs]	①	②		강요하다, 억압하다	①	②
		③	④			③	④
667	coffin [kɔ́:fin,kάf-]	①	②		관, 널	①	②
		③	④			③	④
668	cognitive [kάgnətiv/kɔ́g]	①	②		인식의, 인식력이 있는	①	②
		③	④			③	④
669	coherent [kouhírənt]	①	②		시종 일관된, 조리 있는, 조리 있게 말하는	①	②
		③	④			③	④
670	coin [kɔin]	①	②		동전, 만들다, 동전을 만들다, 동전	①	②
		③	④			③	④
671	coincide [kòuinsáid]	①	②		(일이)동시에 일어나다, (생각이)일치하다	①	②
		③	④			③	④
672	coincidentally [kouinsidéntəli]	①	②		우연의 일치로	①	②
		③	④			③	④

✓ STEP 1

673 ① ② ③

공동으로 **일하면서** 써서 더러워진
걸레는 버려!
☺ 공동으로 일하다 ⇨
컬레버레이트

674 ① ② ③

망한 가게는?
컬러풀한 랩 스커트 파는 가게.
☺ 망하다 ⇨ 컬랩스

675 ① ② ③

동업자가 경찰에
걸리구(고) 말았어.
☺ 동업자 ⇨ 칼리-그

676 ① ② ③

모은 곡식을 빼앗자
골냈다.

☺ 모으다 ⇨ 컬렉트

677 ① ② ③

누가 **충돌했어?**
큰 아이들끼리.

☺ 충돌하다 ⇨ 컬라이드

678 ① ② ③

어떻게 앞차와 **충돌했어?**
차가 신호에 **걸리자** 갑자기 앞 차가
서서.
☺ 충돌 ⇨ 컬리션

679 ① ② ③

문어체는 '계속 콜록거렸다' **구어체**는?
"왜 자꾸 **콜록거려?**"
☺ 구어체의 ⇨ 컬로우퀴얼

680 ① ② ③

식민지였던 조선이
일본이 **칼** 넣으니 해방 되었네.
☺ 식민지 ⇨ 칼러니

681 ① ② ③

거대한 파도가 밀려와
"클(큰일)**났어!"**
☺ 거대한 ⇨ 컬라설

682 ① ② ③

기둥이 되는 기사를 처음에
깔렴.
☺ 기둥 ⇨ 칼럼

683 ① ② ③

혼수상태에 빠진 사람은?
고모.
☺ 혼수상태 ⇨ 코우마

684 ① ② ③

전투를 신청한 사람이
섬을 **뱉**었어.
☺ 전투 ⇨ 컴배트

673 공동으로 일하다	674 망하다	675 동업자
① ② ③ ④ ⑤	① ② ③ ④ ⑤	① ② ③ ④ ⑤

676 모으다	677 충돌하다	678 충돌
① ② ③ ④ ⑤	① ② ③ ④ ⑤	① ② ③ ④ ⑤

679 구어체의	680 식민지	681 거대한
① ② ③ ④ ⑤	① ② ③ ④ ⑤	① ② ③ ④ ⑤

682 기둥	683 혼수상태	684 전투
① ② ③ ④ ⑤	① ② ③ ④ ⑤	① ② ③ ④ ⑤

673	collaborate [kəlǽbərèit]	① ② ③ ④		공동으로 일하다, 협력하다	① ② ③ ④
674	collapse [kəlǽps]	① ② ③ ④		붕괴히디, 밍하다, 붕괴, 몰락	① ② ③ ④
675	colleague [káli:g/kɔ́l-]	① ② ③ ④		동료, 동업자	① ② ③ ④
676	collect [kəlékt]	① ② ③ ④		모으다, 거두다.	① ② ③ ④
677	collide [kəláid]	① ② ③ ④		충돌하다, 일치하지 않다	① ② ③ ④
678	collision [kəlíʒən]	① ② ③ ④		충돌, 불일치	① ② ③ ④
679	colloquial [kəlóukwiəl]	① ② ③ ④		구어체의	① ② ③ ④
680	colony [káləni]	① ② ③ ④		식민지, 거류지	① ② ③ ④
681	colossal [kəlásəl]	① ② ③ ④		거대한, 엄청난	① ② ③ ④
682	column [káləm/kɔ́l-]	① ② ③ ④		기둥, 칼럼, 열	① ② ③ ④
683	coma [kóumə]	① ② ③ ④		혼수상태	① ② ③ ④
684	combat [kámbæt,kʌ́m-]	① ② ③ ④		전투, 싸움, 논쟁	① ② ③ ④

671 랩스커트(wrap skirt): 몸에 감아 입는 스커트

✓ STEP 1

685 ① ② ③

뭘 **결합해**?
컴바인.

☺ 결합하다 ⇨ 컴바인

686 ① ② ③

어떻게 공부할 것을 **고안해냈어**?
컴퓨터를 업데이트시켜 워드에 치면서
할 거야.

☺ 고안하다 ⇨ 컴업워드

687 ① ② ③

희극을?
코미디라고도 해.

☺ 희극 ⇨ 카머디

688 ① ② ③

혜성이 어디로 갔지?
카(car)밑에 들어 가버렸어.

☺ 혜성 ⇨ 카미트

689 ① ② ③

조난당한 배에서 서로 **위로**할 말은?
'구조해줄 큰 뽀트(보트)가 곧 올
거야.'

☺ 위로 ⇨ 컴펄트

690 ① ② ③

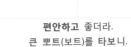

편안하고 좋더라.
큰 뽀트(보트)를 타보니.

☺ 편안한 ⇨ 컴퍼터블

691 ① ② ③

선생님이 뭐라고 **명령하셨니**?
짝 괴롭히는 장난을 그만두라고.
☺ 명령하다 ⇨ 커맨드

692 ① ② ③

사령관이 대포 쏘는 사람에게?
"그만둬!" 하고 외쳤어.
☺ 사령관 ⇨ 커맨덜

693 ① ② ③

뭘 마시면서 **기념했니**?
커피랑 레모네이드.
☺ 기념하다 ⇨ 커메머레이트

694 ① ② ③

바느질 **시작해서** 양말~
꼬맸수?
☺ 시작하다 ⇨ 커멘스

695 ① ② ③

누구에게 이사 하는 걸 **맡겼어**?
큰 맨(man)들에게.
☺ 맡기다 ⇨ 커멘드

696 ① ② ③

그 사람에 대해 어떻게 **논평했어**?
꺼먼 속내를 감추고.
☺ 논평 ⇨ 카멘트

685 결합하다	686 고안하다	687 희극
① ② ③ ④ ⑤	① ② ③ ④ ⑤	① ② ③ ④ ⑤
688 혜성	689 위로	690 편안한
① ② ③ ④ ⑤	① ② ③ ④ ⑤	① ② ③ ④ ⑤
691 명령하다	692 사령관	693 기념하다
① ② ③ ④ ⑤	① ② ③ ④ ⑤	① ② ③ ④ ⑤
694 시작하다	695 맡기다	696 논평
① ② ③ ④ ⑤	① ② ③ ④ ⑤	① ② ③ ④ ⑤

685	**combine** [kəmbáin]	① ③	② ④		결합하다, 합병하다	① ③	② ④
686	**come up with** [kʌmʌpwið]	① ③	② ④		생각해 내다, 고안하다	① ③	② ④
687	**comedy** [kámədi/kɔ́m-]	① ③	② ④		희극, 코미디	① ③	② ④
688	**comet** [kámit/kɔ́m-]	① ③	② ④		혜성, 살별	① ③	② ④
689	**comfort** [kʌ́mfərt]	① ③	② ④		위로(하다), 안락, 편함	① ③	② ④
690	**comfortable** [kʌ́mfərtəbl]	① ③	② ④		편안한, 기분 좋은, 위안의	① ③	② ④
691	**command** [kəmǽnd]	① ③	② ④		명령하다, 내려다보다, 명령, 조망	① ③	② ④
692	**commander** [kəmǽndər]	① ③	② ④		지휘자, 사령관	① ③	② ④
693	**commemorate** [kəmémərèit]	① ③	② ④		기념하다, 축하하다	① ③	② ④
694	**commence** [kəméns]	① ③	② ④		시작하다, 개시하다, 시작되다	① ③	② ④
695	**commend** [kəménd]	① ③	② ④		칭찬하다, 추천하다, 맡기다	① ③	② ④
696	**comment** [káment]	① ③	② ④		논평, 비평, 논평하다	① ③	② ④

685 컴바인(combine) : 농작물을 베는 일과 탈곡하는 일을 동시에 하는 농업기계.

259 *Estee Lauder Companies
에스티 로더, 미국의 화장품, 향수 제조업체

282 *tractor 트랙터:
견인력을 이용해서 각종 작업을 하는 작업용 자동차

407 * Blender;
블랜더 , 전기 믹서기

460 *bright;
밝게, 환히, 선명한, 세제 브랜드

478 *카이사르;
<인명> 로마의 군인·정치가

***브루투스 Brutus, Marcus Junius**
<인명> 고대 로마의 정치가(B.C.85~B.C.42). 공화정 이념을 가진 자로, 기원전 44년에 카이사르를 암살한 후 동방으로 세력을 뻗었으나 안토니우스, 옥타비아누스와의 싸움에서 패하여 자살하였다

520 *베스킨라빈스를 써티원이라고 하는 이유는?
아이스크림 종류가 31(thirty one)가지라서 이름을 그렇게 붙였다.

522 *Capri 카프리 섬
(이탈리아 나폴리 만의 명승지)

527 *캐처
(야구) a catcher 야구의 포수,

623 *써큐란;
혈액을 잘 돌게 하는 혈액 순환 약품

655 *장 끌로드 반담;
할리우드 액션영화배우

674 *랩스커트(wrap skirt);
몸에 감아 입는 스커트

685 *combine(컴바인);
농작물을 베는 일과 탈곡하는 일을 동시에 하는 농업기계.

MEMO

MEMO

MEMO

MEMO

MEMO

MEMO

MEMO